私たちの日本語研究

問題のありかと研究のあり方

Sadanobu Toshiyuki
定延利之 編集

朝倉書店

編集者

定延 利之（さだのぶ としゆき）　京都大学

執筆者

石黒 圭（いしぐろ けい）	国立国語研究所
岩田 一成（いわた かずなり）	聖心女子大学
岡田 美智男（おかだ みちお）	豊橋技術科学大学
＊金田 純平（かねだ じゅんぺい）	国立民族学博物館
菊地 康人（きくち やすと）	東京大学
北川 千穂（きたがわ ちほ）	神戸市外国語大学
金水 敏（きんすい さとし）	大阪大学
小林 隆（こばやし たかし）	東北大学
＊定延 利之（さだのぶ としゆき）	京都大学
下地 理則（しもじ みちのり）	九州大学
勅使河原 三保子（てしがわら みほこ）	駒澤大学
野田 尚史（のだ ひさし）	国立国語研究所
林 良子（はやし りょうこ）	神戸大学
船山 仲他（ふなやま ちゅうた）	神戸市外国語大学
前田 理佳子（まえだ りかこ）	大東文化大学
＊茂木 俊伸（もぎ としのぶ）	熊本大学
＊森 篤嗣（もり あつし）	京都外国語大学
森 若葉（もり わかば）	国士舘大学
山口 治彦（やまぐち はるひこ）	神戸市外国語大学

（五十音順，＊は編集者・編集幹事）

まえがき

　以前に編集した『私たちの日本語』(2012)がおかげ様で好評を博し，新たな1冊を作ることになりました。それがこのテキストです。
　日本語研究を取り巻く社会や大学の状況は，前作が出た後も，さらに厳しさを増しているようです。「問題のありかと研究のあり方」という副題が示すように，このテキストが「日本語に関する専門的知識はいま社会でどのように必要とされているのか？」「日本語研究はそれに十分応えているのか？」といった問題意識を前作以上に鮮明に打ち出し，「日本語学」という学問分野の現行の境界に必ずしもこだわっていないのは，そうした状況を切り開いていける新しい研究者（戦う日本語研究者？）を育成するためのテキストの姿を模索した結果です。
　このテキストには「知識」だけでなく「現実の問題」が書かれています。そして，敵対しているわけではありませんが立場を異にする実にさまざまな，しかし紛れもなく第一線の論者たちが，それらの問題について自身の意見を述べています。（執筆に加わっていただいた先生方にこの場を借りて感謝申し上げます。）このテキストを使われる皆さんには，「信じて覚えること」だけでなく「考えること」も期待しています。ちょうど，大人たちが口々にいろいろなことを言っているのを聞きながら子どもが育ち，やがて新しい大人になって自分の意見を言い出すのと同じように，「大人」たちのいろいろな意見を聞いて考え，成長してください。外部からの，時に冷ややかな意見を敢えてそのまま紹介している箇所もあり，日本語研究者として神経を逆なでされることもあるかもしれませんが，これも私たちを取り巻く現実の状況の一部と考えていただければと思います。
　前作で執筆を楽しくご一緒させていただいた金田純平さん・茂木俊伸さん・森篤嗣さん（五十音順）には，今回は，専門家としての原稿をお願いしただけでなく，編集幹事としていろいろな方々のご意見を「日本語研究の立場から面白がる」という難しい原稿まで要求してしまいましたが，お三方とも見事に応えてくださいました。日本語研究を取り巻く厳しい状況というものが念頭に置かれているは

ずなのに，それでもこのテキストが「面白すぎる」とすれば，お叱りの声はすべて，そのような要求を出した定延がお受けしたいと思います。

　出版に至るさまざまな過程で，朝倉書店編集部にお世話になりました。ここに記して謝意を表したいと思います。

2015 年春

編　者

目次

第1課　わかりにくい表示, 説明
- **1.1** わかりにくい掲示 ……………………………………………… [野田尚史] … 1
- **1.2** わかりにくい表示：外国人目線で考える ……………… [岩田一成] … 4
- **1.3** オーバーキルと世界知識 ………………………………… [定延利之] … 8

第2課　わかりにくいことば
- **2.1** やさしい日本語と公的文書 ……………………………… [岩田一成] … 11
- **2.2** 減災のための「やさしい日本語」 ……………………… [前田理佳子] … 14
- **2.3** 「わかりにくいことば」は誰の問題か ………………… [茂木俊伸] … 17
- **2.4** より広い文脈へ …………………………………………… [定延利之] … 20

第3課　外国語の聞き取り・日本語の聞き取り
- **3.1** 聞き取りの不思議 ………………………………………… [林　良子] … 22
- **3.2** 日本語教育をめぐって …………………………………… [森　篤嗣] … 25
- **3.3** 文節でしゃべる …………………………………………… [定延利之] … 30

第4課　腹立たしい言い方
- **4.1** レストランに行ってみたら ……………………………… [石黒　圭] … 34
- **4.2** 子どもと大人のすれ違い ………………………………… [森　篤嗣] … 38
- **4.3** 取扱説明書 ………………………………………………… [金田純平] … 40
- **4.4** より広い文脈へ …………………………………………… [定延利之] … 43

第5課　機械に教える：対話システム—対話処理・言語情報処理
- **5.1** 私たちと音声 ……………………………………………… [岡田美智男] … 45
- **5.2** 機械に歌わせる …………………………………………… [金田純平] … 49

5.3 「機械が教える」vs「人間が教える」……………………［森　篤嗣］… 51
5.4 しゃべり方の日本語学 ………………………………………［定延利之］… 53

第6課　母語話者に教える——国語教育

6.1 国語教育とは ……………………………………………［茂木俊伸］… 56
6.2 国語教育と日本語学 ……………………………………［茂木俊伸］… 57
6.3 研究の論理，教育の論理 ………………………………［茂木俊伸］… 59
6.4 子どもに必要な「国語の特質」の学習とは …………［茂木俊伸］… 61
6.5 大人から「始める」国語教育 …………………………［茂木俊伸］… 63

第7課　非母語話者に教える——日本語教育

7.1 外国人と会話する ………………………………………［森　篤嗣］… 65
7.2 日本語教育と日本語学の「これまで」と「これから」…［菊地康人］… 70
7.3 ディスカッション ………………………………………［定延利之］… 75

第8課　言語障がい者に教える

8.1 言語障がいと言語療法 …………………………………［林　良子］… 76
8.2 音楽が言語を回復させる：メロディック・イントネーション・セラピー
　　　　　　　　　　　　　　　　　　　　　　　　　　……［金田純平］… 79
8.3 学校で教える ……………………………………………［森　篤嗣］… 83

第9課　危機言語——世界の中の日本語

9.1 言葉も死ぬ ………………………………………………［森　若葉］… 86
9.2 言葉の値段 ………………………………………………［森　篤嗣］… 91
9.3 外国語を見る　Before & After …………………………［定延利之］… 93

第10課　危機方言——方言フィールドワーク

10.1 方言調査の実際 …………………………………………［下地理則］… 96

目次　v

- 10.2　方言研究と社会貢献 …………………………………[小林　隆]… 101
- 10.3　言語と方言の違い ……………………………………[森　篤嗣]… 104

第11課　電子アーカイビング

- 11.1　記述研究と電子アーカイビングの関係 ………………[下地理則]… 106
- 11.2　アーカイビングとインターネット ……………………[金田純平]… 111

第12課　日本語コーパスの構築と利用

- 12.1　コーパスを作る …………………………………………[森　篤嗣]… 116
- 12.2　コーパスを使う …………………………………………[茂木俊伸]… 121

第13課　キャラクタを訳す

- 13.1　ことばとキャラクタ ……………………………………[定延利之]… 126
- 13.2　役割語とその翻訳について ……………………………[金水　敏]… 128
- 13.3　役割語の音声とその翻訳について　…………………[勅使河原三保子]… 132
- [コラム]　ローカリゼーション……………………………[金田純平]… 136

第14課　マンガ・映画を訳す

- 14.1　マンガの日英翻訳 ………………………………………[山口治彦]… 137
- 14.2　日本語学的なおもしろさ ………………………………[森　篤嗣]… 142
- 14.3　映画の字幕翻訳 …………………………………………[金田純平]… 144

第15課　笑いを訳す

- 15.1　落語の翻訳 ………………………………………………[北川千穂]… 148
- 15.2　モンティ・パイソンの翻訳 ……………………………[金田純平]… 153
- 15.3　一般人の「面白い話」 …………………………………[定延利之]… 159

第16課　同時に訳す

16.1　同時通訳 ………………………………………………… ［船山仲他］… 160

16.2　ディスカッション ……… ［定延利之・森　篤嗣・茂木俊伸・金田純平］… 164

索　引 …………………………………………………………………………… 171

第 1 課　わかりにくい表示，説明

1.1　わかりにくい掲示　　　　　　　　　　　　　　　［野田尚史］

1.1.1　全部？ どれか？—ランチメニューの掲示—

　ホテルの中国料理レストランの前に図 1.1.1 のような「お昼のご定食」の掲示が出ているのを見たことがあります。「B ランチ」の下に「牛肉のオイスターソース炒め」「豚肉のカレー風味揚げ」「鶏肉と銀杏の炒め」「豚肉とザーサイの細切りスープ」と書いてあります。

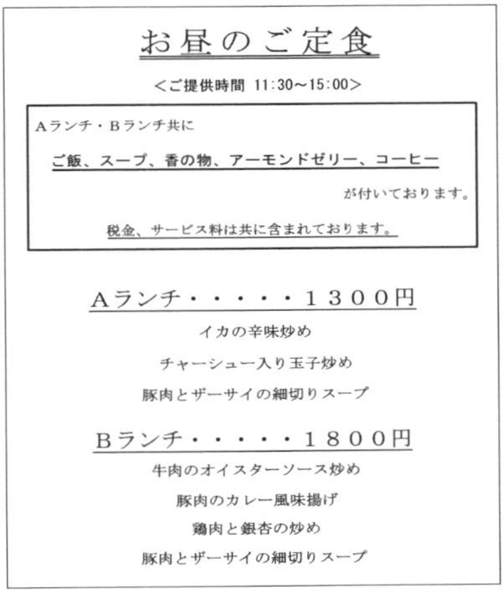

　スープを別にすると，3 種類の料理が並んでいます。「B ランチ」にはこの 3 種類が全部付いてくるのでしょうか。それとも，この 3 種類から 1 種類だけ選ぶのでしょうか。迷ってしまいます。

　もし 3 種類の料理の中に「青菜炒め」とか「エビ餃子 2 個」が入っていたら，どうでしょうか。あまり迷わずに「3 種類の料理が全部付いてくるのだろう」と判断できそうです。なぜかと言うと，「牛肉のオイスターソース炒め」を選んでも「青菜炒め」を選んでも値段は同じというのは変だと思うからです。

```
           お昼のご定食
        ＜ご提供時間 11:30～15:00＞

  A ランチ・B ランチ共に
  ご飯、スープ、香の物、アーモンドゼリー、コーヒー
                              が付いております。

  税金、サービス料は共に含まれております。


      A ランチ・・・・・1300円
         イカの辛味炒め
        チャーシュー入り玉子炒め
        豚肉とザーサイの細切りスープ

      B ランチ・・・・・1800円
        牛肉のオイスターソース炒め
         豚肉のカレー風味揚げ
          鶏肉と銀杏の炒め
        豚肉とザーサイの細切りスープ
```

図 1.1.1　レストランのランチメニュー

　しかし，このメニューにある 3 種類の料理は牛肉と豚肉と鶏肉です。「どれを選んでも値段が同じ」であっても変ではないので，迷います。

　また，もし「A ランチ」にも「B ランチ」にも同じ「牛肉のオイスターソース炒め」が入っていたら，どうでしょうか。その場合も「料理が全部付いてくる」と判断できそうです。なぜかと言うと，もし料理を 1 種類だけ選ぶのであれば，「A ランチ」として「牛肉のオイスターソース炒め」を選ぶと，1300 円になります。「B ランチ」として同じ料理を選ぶと，1800 円になります。それは変だからです。どちらのランチも，スープなど，付いてくるものは同じです。

しかし、このメニューでは「Aランチ」と「Bランチ」に同じ料理はありません。だから、迷います。

実際には、Aランチには2種類の料理が、Bランチには3種類の料理が全部付いてきます。安い定食屋さんのメニューで、3種類の料理を「｝」でくくって、「全部付いています」と書いてあるのを見たことがあります。しかし、ホテルのレストランでは、あまり上品な感じがしないので、好まれないでしょう。

では、このメニューをわかりやすくするにはどうすればよいでしょうか。たとえば、上のほうにある「Aランチ・Bランチ共に」の部分を次のようにするだけでも、かなりわかりやすくなりそうです。

　　Aランチ・Bランチ共に
　　　　料理（Aランチは2品、Bランチは3品）、スープ、
　　　ご飯、香の物、アーモンドゼリー、コーヒー
　　　　　　　　　　　　　　　が付いております。

そのほかにも、いろいろな方法が考えられるでしょう。ぜひ考えてみてください。

このような掲示がわかりにくくなることがあるのは、口で話す場合や文章で書く場合と違って、簡潔にするために助詞などが省略されるからです。話す場合は、たとえば次のように言うでしょう。

　　　Aランチは、「イカの辛味炒め」と「チャーシュー入り玉子炒め」で、それに、「豚肉とザーサイの細切りスープ」とご飯と香の物とアーモンドゼリーとコーヒーが付いています。

掲示で箇条書きにすると、並列を表す「と」のような助詞がなくなります。そのため、「イカの辛味炒めとチャーシュー入り玉子炒め」の意味か、「イカの辛味炒めかチャーシュー入り玉子炒め」の意味かがわかりにくくなるのです。

1.1.2　いいの？　ダメなの？—ゴミ捨て場の掲示—

ゴミ捨て場に図1.1.2のような「お願い」の掲示が出ているのを見たことがあります。「もやすゴミ以外すてないで下さい」の後に「◎発砲スチロール」「◎ダンボール」と書いてあります。

「発砲」は「発泡」と書かなければいけないということに気づく人は少ないでしょう。また、「発砲スチロール」と書いてあると意味がわからなくなる人もい

ないでしょう。ですから，特に大きな問題ではありません。

　この掲示は，ぱっと見ただけでは，何を捨ててよく，何を捨ててはいけないのかがわかりにくいのではないでしょうか。そこが大きな問題です。

　それでは，この掲示をわかりにくくしている原因は何でしょうか。

　一つ考えられるのは，「もやすゴミ以外すてないで下さい」という二重否定のような表現です。これは，狭い意味では，「行けないことはない」のようなものと違って，二重否定とは言えません。ですが，「以外」は否定のような意味を表しているので，二重否定と同じく，わかりにくくなります。

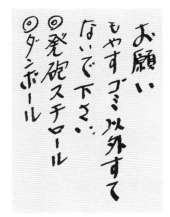

図 1.1.2　ゴミ捨て場の貼り紙

「次のゴミは捨てないでください」のようにすれば，二重否定ではなくなり，少しわかりやすくなります。また，「次のゴミだけ捨ててください」のようにすれば，否定がなくなるので，これもわかりやすくなります。

　わかりにくくしている原因としてもう一つ考えられるのは，「◎」という記号です。「◎」は「とてもよい」という意味で使われるのが普通です。しかし，ここでは「発泡スチロール」と「ダンボール」は「捨ててはいけない」ものです。「◎」より，むしろ「×」という記号のほうが合いそうです。

　このような掲示では，簡潔にわかりやすく示すために記号が使われることがあります。ただ，記号はうまく使わないと，かえってわかりにくくなることがあります。

　ついでに言うと，この掲示では，「発泡スチロール」と「ダンボール」はどこに捨てたらよいのかも書いておいたほうが親切です。そのようなことも含めて，ぜひこの掲示をわかりやすく書き換えてみてください。

参考文献
海保博之（1988）『こうすればわかりやすい表現になる―認知表現学への招待―』福村出版
野田尚史（2005）『なぜ伝わらない，その日本語』岩波書店

1.2 わかりにくい表示：外国人目線で考える　　［岩田一成］

1.2.1　外国人に関する基礎情報

　留学生が運転する車に乗っていたときのこと，「先生，31 からのって，27 でおりますよね？」と聞いてきました。最初，何のことかわからず問いただしてみたら，どうも彼は，高速道路について話しているようなのでした。図 1.2.1 を見てもらえばわかるように，高速道路の入口には番号が振ってあります。「へ～外国人はそこだけを見ているんだ」と改めて気がつきびっくりしました。そういうわけで，このセクションでは外国人の気持ちになって表示を見てみましょう。

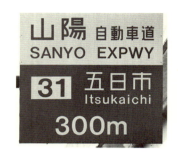

図 1.2.1　高速道路入口の案内

　外国人と一言で言ってもさまざまな人がいます。日本に住んでいる人の出身地は，中国，韓国・朝鮮，フィリピン，ブラジルがここ数年不動の上位です。国立国語研究所が 2008 年に行った大規模調査の結果を見ると，彼らのうち日常生活の英語がわかると答えた人は 44％（そのうち英語ネイティブは 7.9％）で，日本語がわかると答えた人は 62.6％です[1]。観光客についても，韓国，中国，台湾，香港からの来日客がずっと上位で，全体の 70％以上を占めています。こういった基礎情報をもとに，日本社会の表示を読み解いていきましょう。

1.2.2　他言語に翻訳するときの注意点

　中国新聞（2013.12.20）の記事で，「平和大通り Heiwa ōdōri Ave.」という表記は，外国人に理解できないため，これからすべて「平和大通り Peace Boulevard」に統一するとありました（図 1.2.2 の右）。これは国の方針に従ったもので，2013 年 12 月から 2014 年の 2 月にかけて類似の記事が全国各地に見られます（興味がある人は調べてみましょう）。

　日本社会はオリンピックに向けて「お・も・て・な・し」の精神で努力をしているわけですが，本当に英訳でわかりやすくなるのでしょうか。いろんな新聞を見ていると必ず出てくるのは，英語圏出身者からのアドバイスを受けて表記を変

---

[1] この調査は岩田（2010）に詳細があります。在留外国人（日本に住んでいる人），観光客の数については毎年入国管理局がデータとして「出入国管理」（白書）を公開しています。http://www.moj.go.jp/nyuukokukanri/kouhou/nyukan_nyukan42.html

図 1.2.2　2014 年 2 月現在，広島市には両方のタイプが見られる

更するといった内容です．1.2.1 項で述べたとおり，日本社会で英語を母語とする外国人は 1 割もいませんし，英語がわかる外国人も半数以下です[2]．漢字が読めずに，"ヘイワオオドオリ"という音をたよりに看板を探している人にとっては，上記の書き換えは全く迷惑になってしまいます．そもそも固有名詞とは，その呼び方で通用しているものですから，勝手に意訳してもうまくいきません．昔とある漫才師が，「アイ ライク，デンジャラスジラフ」「え！'きき，きりん'かいな!?」と言っていましたが，それと似たり寄ったりですね．細かいことですが，「大通り」を難解単語 'Boulevard' に訳すのはどうでしょうか．ちょっと周りの友達に聞いてみてください．この英単語をちゃんと理解できる人はいますか？ それは外国人にとっても同じです．英語がわかる人の中でも，ほとんどの人は英語ネイティブではないのです．

ちょっと話はそれますがある特定の表示だけ，多言語化が進んでいます（図 1.2.3）．その裏にはどんな意図があり，それを見た外国人はどんな気持ちになるか，もっとしっかり考える必要があります．

1.2.3　言葉の難易度

外国人住民には日本語を理解できる人が多いこと

図 1.2.3　下の二つはポルトガル語とペルシャ語で，想定読者はブラジル人とイラン人ということになります．

---

[2]　広島市の 2013 年度の『広島市外国人市民生活・意識実態調査報告書』では，英語がわかる人は全体の 2 割という数字も出ています．

を1.2.1項では紹介しました。これは「やさしい日本語」（第2課参照）で伝えるという大前提があり，ちょっとひねった言葉遣いは当然難しくなります。例えば同じ意味でも「トイレ，お手洗い，便所，化粧室，厠」いろんな言い方がありますが，難易度が違います。私の実家付近では，公衆便所に「厠」と大きく書かれています。男性用は「殿」女性用は「姫」です。これらは日本語能力試験出題基準（旧版）でいうとすべて級外語彙となり，

図1.2.4 阪急岡本駅のエレベーターの中

とても難しい言葉です。一方，「トイレ，男，女」という表示にすると，すべて4級語彙（一番低いレベルです）となり外国人でも理解できる可能性は高くなります。私の実家から少し離れたところにある温泉では，男湯が「長政 man」，女湯が「お市 woman」と書いてあります（こうなったら読者の皆さんでもちょっと難しいのでは？）。「男のふろ／女のふろ」とすればすべて4級語彙となります[3]。ピクトグラム（トイレや温泉をイラストのようなマークで表記したもの）などを上手に使うことも有効です。図1.2.4はどうでしょう。エレベーターの各階は数字のほうが理解しやすいのではないでしょうか。

1.2.4 情報のノイズ

日本語ができる外国人といってもネイティブ

図1.2.5 広島市の横川駅構内　　　　　図1.2.6 広島駅の改札

---

[3] 言葉のレベル（級）に興味がある人は，リーディングチュウ太に入力すれば判定してくれます。http://language.tiu.ac.jp/

ではない場合，表示を読み取るのに大変な労力が必要となります。しかしながら街の中には，「読み取らなければならない情報」と「読み取れなくてもよい情報」があり，わたしたちはそれらを取捨選択して生活しています。例えば駅構内にはいろいろな表示があります（図 1.2.5，1.2.6）。『地球環境に優しい駅づくり』などというもってまわった言い方も気になるのですが，「切符売り場はこちらです」といった表示に比べると重要性は明らかに低いです。これらを全部理解する必要はありません。

　また，改札口に必ずある右の表示をご覧ください。よくよく考えてみてください。自動改札が普及した都会で，'裏が白い切符' をどれくらい使っているのでしょうか。私はこの写真の場所で，「裏が白い切符はどこで売っているんですか？」と聞いたら，駅員さんは「さ～このへんじゃ売っていませんね～」と真顔で答えてくれました。その他，街の看板を注意深く見ると，いろいろな情報が混在していることがわかります。どうも日本は余計な表示やアナウンスが多いのではないかという議論もあります[4]。

　外国人の視線でみると，表示にいろいろな問題があることを紹介してきました。日本社会はどうも外国人の典型を英語圏の人に求める癖があります。また，外国人の割合が2％以下ということもあり，外国人の目線で表示を考えるのがどうも苦手なようです。加えて，外国人住民は何年居住しようが選挙権がないため，なかなか彼らの意見を行政に伝えることができません。本節を読んだみなさんが，少しでも外国人目線で街の表示を考えるようになってもらえたらとてもうれしいです。ここまで，他言語に翻訳する際の注意点，言葉の難易度，情報ノイズなどについて解説してきました。これらのポイントから街をチェックしてみてください。日常の景色が全く違って見えますよ。

参 考 文 献
岩田一成（2010）「言語サービスにおける英語志向―「生活のための日本語：全国調査」結果と広島の事例から―［資料］」『社会言語科学』13巻1号　社会言語科学会　pp.81-94

加賀野井秀一（1999）『日本語の復権』講談社現代新書

---

[4] 詳しくは加賀野井（1999）を参照のこと。

1.3 オーバーキルと世界知識　　　　　　　　［定延利之］

　野田尚史先生と岩田一成先生のお話に接して私が思い浮かべたのは，マーク・デュリーの「機能的オーバーキルとその軽減」(Durie 1995) という考えです[5]。
　ここで言う「オーバーキル」(overkill) とは，ニワトリを2羽つぶせばいいところを3羽つぶしてしまったというような過剰殺害ではなく，アリ1匹を殺すのにミサイルを使うといった，殺傷力過剰の殺害を指しています。何を殺害する，つぶすのかというと，言語表現のわかりにくさです。「言語はコミュニケーションにおいて情報を伝達するためにしばしば使われる」「その場合，言語表現は情報伝達の機能を持つ」と考えた場合，言語表現は何としてもわかりやすいものでなければなりません。仮に受け取り手が発話の何箇所かを聞き取れなくても，メッセージや概念がちゃんと伝わるように，話し手は言語表現のわかりにくさを，念には念を入れて，過剰につぶしておかなければならない。これが「機能的オーバーキル」という考えです。
　たとえば「学生」と言った場合に，それが1人なのか，それともたくさんなのかは，たいてい文脈からわかります。にもかかわらず"five students"のように，最初に「5人」("five") と複数性を表現し，さらにその後で「学生たち」("students") とたたみかけて複数性を表すという冗長な表現法を，英語が文法に採用していることは，この機能的オーバーキルの観点からすると，おかしなことではなくなります。
　ただし，このような機能的オーバーキルは，殺傷力が過剰であるだけに余計な負担がかかるので，無制限におこなうことはできないと考えられています。干魃地帯に生きる魚は，深い泥の中にもぐる能力を身につけたり，乾燥に強い卵を産む能力を身につけたりしているけれども，自身は泥にもぐる一方で乾燥に耐える卵を産むという，両方の能力を兼ね備えている種はないというたとえをデュリーは挙げています。種族絶滅の危険性は何としてもつぶしておきたいが，どこまで念を入れてつぶすかは負担との兼ね合いで決まるというのが「機能的オーバーキルの軽減」という考えです。
　「機能的オーバーキルとその軽減」という以上の考えによれば，機能的オーバーキルがどの程度必要か，つまり軽減がどの程度なされるかは，個々の共同体ごとに決まる問題です。各言語の文法はいずれも，「言語表現の不明確性をオーバーキルしたい」「オーバーキルを軽減したい」という2つの相反する動機どうしがせめぎ合った結果の産物であり，言語間での文法の違いは，せめぎ合いの結果，優先された動機の違いとして理解されます。「オーバーキルしたい」という動機が優先され，「数の一致」という規則を持つのが英語の文法です。他方，中国語では"five students"にあたる表現"五个学生们"が誤りで，"five student"（"五个学生"）か"students"（"学生们"）でなければならないように，中国語の文法は「オーバーキルを軽減したい」という動機を優先し，「数の一致」の代わりに「余剰性の排除」という規則を持つということになります。どちらの

---

[5]　私自身は「機能的オーバーキルとその軽減」という考えに完全に満足しているわけではないのですが（定延 近刊），これが一つの魅力的な考えであることは間違いないと思います。

動機を優先してもいい，つまり「5人の学生」でも「5人の学生たち」でもいいというのが日本語の文法ということになります．どの言語の文法ももっともなもので，間違いではありません．

　岩田先生が述べられたことはまさに，多言語化による機能的オーバーキルの問題と言えるでしょう．看板というスペース（つまり資源）は限られており，オーバーキルを無制限におこなうことはできません．では，どこまで，そもそもどういう看板を，どのように多言語化してオーバーキルすべきかという問題は，都市デザインという大きな営みに直結しています．

　では，野田先生のお話は機能的オーバーキルとどのように関わるのでしょうか？ ここで重要なのが世界知識（世の中に関する一般常識）で，先に「文脈からわかる」と述べたのも詳しく言えば「その文脈での世界知識からわかる」となります．表示や説明をわかりやすくする上で，文法と世界知識の機能的オーバーキルを生じさせることが有効だと考えられないでしょうか．このことを示す例を挙げておきましょう．

　(1)　許可なく構内への立ち入りを禁じます　[茂木 2012]

　例 (1) は懐かしや，前作『私たちの日本語』の第1課で茂木俊伸先生が取り上げられたものです．書き手が言いたいこと（無許可での構内立ち入りは禁止だということ）は，[許可][無][構内][立ち入り][禁止] という意味のことばが並んでいる以上，常識つまり世界知識からわかるけれども，文法が間違っているので引っかかるということでした．

　ここで文法の間違いというのは，連用と連体がねじれてしまっている（連用修飾に用言ではなく体言が対応してしまっている）ということです．ねじれを解消するには，連用修飾の語句「許可なく」の相手として用言「構内へ立ち入る」を対応させるか（「許可なく構内へ立ち入ることを禁じます」），体言「構内への立ち入り」の相手として連体修飾の語句「許可のない」を対応させるかする必要があります（「許可のない構内への立ち入りを禁じます」）．

　ねじれが解消された「許可なく構内へ立ち入ることを禁じます」や「許可のない構内への立ち入りを禁じます」では，無許可での構内立ち入り禁止という意味が，文法からも，世界知識からも保証されており，機能的オーバーキルが生じていて，誰にとってもスッキリとわかりやすい文になっています．これが例 (1) では世界知識からしか保証されず，機能的オーバーキルが生じていません．それで「引っかかる」ということになります．

　ところが次の例 (2) は，やはり連用と連体がねじれていますが，引っかからないという人がほとんどです[6]．

　(2)　あのバンドは大晦日に東京ドームでコンサートを計画している．

---

[6] 例文 (2) のような文の不思議さは酒井弘先生が二十数年前に指摘されたものです．

それらの人にとって，この文は大晦日に東京ドームでバンドのコンサートがあるという解釈しかなく，バンドのメンバーが大晦日に東京ドームに集まり手帳を開いて「来年は我々のコンサートはこの日程でどうかな」「そうしようか」などとボソボソ計画しているという文法的に正しい解釈は意識にのぼりさえしません。この場合は「[バンド][東京ドーム][コンサート]そして[計画]とくれば，意味はこれでしょう」という具合に，世界知識が強い力で意味を担保しており，少々の文法違反は問題になりません。

　いや，そもそも上の例（1）にしても，「我々は構内立入りをお上からの許可も受けず，勝手に禁止するもんね。文句あっか」という挑発的な態度表明として解釈できるのですが（この場合は連用修飾語句「許可なく」は用言「禁じます」と対応しており文法としては問題ありません），このような解釈をもし私たちが考えさえしなかったとしたら，ここにも世界知識の強い力が働いていると言えそうです。

　文法と世界知識の関係は，「可能な解釈群をまず文法が提供し，次にその解釈群から世界知識が適当な解釈を絞り込む」といった直列的なものでは必ずしもなく，並列的で，しばしばもっと複雑なもののようです。

参 考 文 献

定延利之（近刊）「数の一致をめぐる言語差をどう見るか？」張　威（主編），呉　大綱・高橋弥守彦（編）『日本学研究叢書』第7巻, 外語教学与研究出版社

茂木俊伸（2012）「看板から始まる日本語観察」，定延利之（編著）『私たちの日本語』第1課, 朝倉書店

Durie, Mark (1995) Towards an understanding of linguistic evolution and the notion "X has a function Y". In: Werner Abraham, Talmy Givón, and Sandra A. Thompson eds., Discourse, Grammar and Typology: Papers in Honor of John W.M. Verhaar, pp. 275-308, Amsterdam/Philadelphia: John Benjamins

第2課 わかりにくいことば

2.1 やさしい日本語と公的文書　　　　　［岩田一成］

2.1.1 やさしい日本語とは

　本節では、やさしい日本語を「日本語に人為的な制約を加える試み[1]」と考えます。目的は情報伝達効率を上げることです。公的文書との関連でいえば、情報がわかりにくくてうまく伝わらなかった場合に不利益を被るであろう人を減らすことが目的です。特に外国人だけが対象ではないということが、本節を読んでいけばわかってもらえると思います。公的文書とは、行政が市民向けに作成しているお知らせのことです。次の（1）は、とある自治体のウェブサイトに上がっていた「乳幼児等医療費の補助」というタイトルの文書から「2 補助範囲」という部分を抜き出したものです。なお、本節ではあえて、わかりにくい公的文書を挙げますが、すべての文書がこうだと主張するつもりはありません。

（1）乳幼児等が健康保険証を使って受診した場合に、保険診療に係る総医療費（入院時の食事療養に係る費用を除く。）のうち健康保険に関する法令等の規定によって対象者が負担すべき額（自己負担する額に相当する額）から、5に記載した一部負担金（これが500円であることが別箇所に示されている：筆者追記）の額を控除した額を補助します。

　この文書は、わざわざ総医療費から始まって〈［自己負担額］－［一部負担金］＝［補助額］〉などという数式を提示していますが、そもそも行政側がどんな補助をしているのかなんていう説明は必要でしょうか。読んでいる人にとっては、「自分の子どもを病院に連れて行ったらいくら費用がかかるのか」という点が知りたいはずです。このタイプは、ユーザー目線で書かれていないという意味で「行政目線型」と呼んでおきます。私が上記文書全体をばっさり書き換えるなら、一言にまとめます。

（2）健康保険証があれば、6歳までの患者さんは500円で医療を受けられます（食事療養の場合は別に費用が必要です）。

---

[1] 庵ほか（2013）の第2章では、さまざまなやさしい日本語の取り組みを紹介しています。全体像を把握したい人は一度ご覧ください。ここでは公的文書に絞って議論します。

2.1.2 わかりにくさのパターン[2]

『保育園のご案内』の中から「月途中入退園の保育料」という項目を抜き出しました。この文は規則（法律）の内容を過不足なく伝えているため「法律内容まるごと伝達型」としておきましょう。

> (3) 月の初日以外の日に入園し，又は月の末日以外の日に退園した乳幼児の入園月又は退園月の保育料の額は，日割りした額となります。ただし①月の初日が休園日の月に，その月の休園日でない最初の日に入園するとき，又は②月の末日が休園日の月に，その月の休園日でない最後の日に退園するときなどは，日割り計算はしません。

こういった細則をすべて書くと文章は長くなります。わかりやすくするには，基本情報だけ残して，細かいことをばっさり落としてしまうことです。

> (4) 保育料は月ごとに払います。月の途中で入ったり，やめたりする人は，その月の日数分だけ払います。　　　　☎ お問い合わせ　090-776655××

これくらいでどうでしょうか。(3) に比べて情報量が落ちてしまうことは否めません。しかし，想定しうる対象者のケースをすべて列挙していくやり方では，どうしても文章が難解になってしまいます。このタイプはどうも福祉の分野に多いようです。法律が細かく規定されており，それをすべて提示すると非常に読みにくくなります。興味がある人は，自分の自治体ウェブサイトから「公営住宅に入居出来る人の条件」，「保育園に子どもを預けられる人の条件」，「健康保険の保険料減免条件」などを探してみてください。とにかく難解です。

難解な公的文書にはここで紹介した以外にもいろいろなタイプがあるのですが，もう一つだけ紹介します。「注意喚起の超大作型」と呼んでいるものがあります。防災関連の公的文書に多いのですが，内容が無駄に長いという共通点を持っています。手元にとある自治体の『帰宅困難者対策』（ワード標準フォーマット換算で4ページ相当）『熱中症対策』（同6ページ相当）『自転車の交通ルールやマナーを守りましょう』（同5ページ相当）があります。このページ数の長さはどうでしょう。自転車のルールについて，5ページもの超大作を誰が読むのでしょうか。これらは，「災害が起こる確率＋災害の被害の大きさ＋防ぐための対策」程度が簡潔に書かれていれば十分です。これらの文書は，災害が起こる前の

---

[2] 公的文書については，その語彙や文法についての分析がすでにあります（庵ほか（2013）の第6・7章）。ここで議論するわかりにくさのパターンとは，文章のかたまり単位での難解さを扱うものです（談話レベルの分析）。

平時に読むものですから，めんどくさいなあと思われたらおしまいです。

2.1.3 どうして公的文書は難解になったのか？

難解になる理由の一つとして，市民に揚げ足を取られては困るという職員さんの防衛本能があるのではないでしょうか。「行政目線型」「法律内容まるごと伝達型」「注意喚起の超大作型」すべて，余剰な説明が多いです。説明を増やしておいて，「ちゃんと書いてあるのを読んでください」という窓口対応に使うわけです。2012年12月30日の朝日新聞朝刊に，広島市の公務員の1割が，訴訟に備えて保険に入っているというショッキングなニュースが出ています。職員さんはクレーム社会に対応しなければならないのですね。

もう一点，歴史的な理由もあるかと思います。公的文書の諸基準を定めた文化庁編（2011）を見ると，そのほぼ全体が漢字・カタカナ・ひらがな・ローマ字といった文字表記問題を扱っています。これは日本の国語政策の歴史を反映しています。文書の中身の議論をする前に，どんな漢字を使って，どのようにフリガナをふり，カタカナはどう用いるのかという議論に時間を取られてきたと言えます。つまり，ここまで文字表記問題に時間を取られて文書の中身にまで議論が及ばなかったというだけのことですから，本節で取り上げたような問題点はこれから活発に議論されていくだろうと思います。

2.1.4 わたしたちにできること

ここまで見てきた公的文書は，日本語ネイティブにとって難解なわけですから，外国人にとっては更に難しく感じるはずです。では，外国人住民にも情報を伝えるためにどんな工夫が必要でしょうか。各種外国人調査を見ていると，共通して「外国人の理解率は英語より日本語の方が高い」ことがわかります（本書第1課参照）。つまり英語に訳してもさほど伝わらないわけです。外国人住民の母語すべてに翻訳するということは，技術的にも経済的にもまず不可能ですから，まずは「やさしい日本語」を普及するしかありません。

ここまで読んでみて，公的文書に興味を持った方は是非，自分が住んでいる自治体のウェブサイトを見てみましょう。わからないときは，「ここの意味がわかりにくいです。ちゃんと書いてください」と声を上げていくことが大事です。自治体の広報課にメールをしてみることをお勧めします。2.1.3項で見たように，市民のクレームを恐れて文書が難解になっているのだとしたら，その難解さを解くのも市民の声です。公的文書は市民のために書かれたものですからね。

参考文献
庵 功雄・イ ヨンスク・森 篤嗣（編）(2013)『「やさしい日本語」は何を目指すか：多文化共生社会を実現するために』ココ出版
文化庁（編）(2011)『新訂　公用文の書き表し方の基準（資料集）』第一法規

2.2　減災のための「やさしい日本語」　　　［前田理佳子］

2.2.1　減災のための「やさしい日本語」とは

　減災のための「やさしい日本語」の発想は，1995年1月17日に起こった阪神淡路大震災がきっかけで生まれました。この災害で，日本語に不慣れな人を情報弱者にしてしまう日本語社会の問題性が強く意識されるようになったからです。
　当時のNHKニュースは地震発生をこのように伝えました[3]。

> けさ5時46分ごろ，兵庫県の淡路島付近を震源とするマグニチュード7.2の直下型の大きな地震があり，神戸と洲本で震度6を記録するなど，近畿地方を中心に広い範囲で強い揺れに見舞われました。

　これを減災のための「やさしい日本語」にすると，こうなります。

> 今日，朝，5時46分，兵庫，大阪などで，大きい地震がありました。神戸は震度6でした。地震の強さは震度6でした。

「やさしい日本語」の方にも，元のニュースの中の，いつ，どこで，何が，どのように，という要素が全て含まれていますが，元のものよりも内容を削ぎ落としてあります。ニュースの文には特有の構造があって，このNHKニュースの例でも，長い連体修飾節や，連用中止と呼ばれる語法，「～など」という形で一例のみを示して聴き手の類推を期待する表現が使われていますが，やさしい日本語ではこれらを使っていません。一文を短くして一文に含まれる主題と述語を1セットだけに絞ることによって，文の構造を単純にしています。さらに，単語の選び方にも工夫があります。日本語での生活の経験が少なくても，ふだん見聞きする機会が多くて理解しやすい単語を選んで使っています。同時に，聴き手によってはこのとき初めて接する難解な単語である可能性が高くても，この災害について

---

[3]　これは定時の一般ニュースの表現です。周知のとおり，NHKの緊急放送等は工夫がこらされ，日本語に不慣れな人が受け手であることが意識されています。2014年2月現在，やさしい日本語によるWebサービスNEWS Web Easyのサイトのトップには，緊急時報道についての解説が常時掲げられるまでになっているのもその一例です。http://www3.nhk.or.jp/news/easy/index.html 参照。

理解するのに是非必要な単語（ここでは「震度」）はそのまま残し，直後にその単語の意味の理解を促す文を添えています。（ここでは「地震の強さは震度6でした。」がそれにあたります。）

次も1995年1月のNHKニュースと，それを減災のための「やさしい日本語」に変えた例です。

> 避難していた住民たちが自宅に帰宅し，充満していたガスに気づかず，夕食の準備や暖房のスイッチを入れ，新たな出火が起きているという情報があり，消防ではガス漏れにも十分気をつけるよう，呼びかけています。
> 　　　　　　　　　　　　　　　　　　　　　　（1995年1月NHKニュース）
> ガスに火がついたら，大変です［トピック提示］。ガスが出ているかもしれません［状況説明］。ガスの元栓を閉めてください［行動指示］。家のガスを止めて下さい［言い換え］。そして，窓を開けてください［行動指示］。危ないですから，タバコを吸わないでください［行動指示］。電気のスイッチにさわらないでください［行動指示］。
> 　　　　　　　　　　　　　　　　　　　（減災のための「やさしい日本語」）

こちらの例では，災害時に人々が更なる被災を避けるためにとるべき行動が具体的に示されていて，それが最初の例と内容的に違うところです。定時のNHKニュースは，直接的な行動指示を避け，所管官庁による呼びかけがあったことを報道するという姿勢での間接的な表現にならざるを得ない場合がありますが，減災のための「やさしい日本語」では，明確な行動指示として「〜てください」「〜ないでください」と言い切ります。

　災害発生直後から状況の変化に応じて必要な情報も刻々と変化します。それらを，廣井脩ほか「災害放送研究プロジェクト」が一連の放送文のプロトタイプとして公開しています[4]。減災のための「やさしい日本語」研究会のメンバーは，それを「やさしい日本語」の案文にしました[5]。初級後半から中級にかけての日本語学習を経験した人々が理解できる緊急放送をめざしたものです。放送音声という媒体を通して緊急時に確実な情報伝達を行うためには，聴き手の理解を確認しながら調整できなくても有効な方法を工夫しなければなりません。そこで採用したのは，定型化した談話構造の中に原文の要点を配置し，文脈を制限して情報内容の文脈依存可能性を高めるという方法です。1つのコメント内の情報の提出

---

[4] 廣井研究室＞大地震時の放送による行動指示情報（緊急コメント）の伝達
http://www.hiroi.iii.u-tokyo.ac.jp/index-katudo-kyodo.kenkyu_saigai_hoso-shoki_comment_honbun02.htm （2014.2.27 アクセス）
[5] 佐藤和之編著（2009）をご参照ください。

順序を定型化することで，どの部分が重要な情報であるかを聞き手にとって予測しやすくしています。これによって語彙・文法の制限によって情報内容が少なくなるという側面を補うことをめざしました。上の例で［トピック提示］［状況説明］［行動指示］などとして示したのは，一つ一つの文の機能ですが，この配列をいくつかの定型にまとめることができるのです。

　原文の逐語訳はしませんでした。逐語訳しようとしても，原文の単語や表現に一対一で対応し，なおかつその文脈を離れても統一して使うことができるやさしい単語や定型表現，文法項目はほとんど見つかりませんし，無理に逐語訳すると文が長く複雑になってかえって理解しにくくなる傾向があるからです。

2.2.2　「やさしい日本語」化の手順

　「やさしい日本語」の文章をつくる手順は，次のとおりです。災害に不慣れな人の視点に立って，次の（1）から（5）の順に，パラグラフ単位で構想し，（1）から（5）を繰り返して推敲します[6]。（1）原文の中の重要な内容が何かを見定める→（2）災害に不慣れな人にとって必要な内容を付け加える→（3）内容の配列を考える→（4）やさしい単語と重要な災害用語で単純な構造の文を組み立てる→（5）重要な災害用語の言い換え表現の文を挿入する。さらに，一連のコメントの中で類似の内容を持つものは，定型化した表現に統一して，パラグラフを超えた統一をつくります。発災後の状況の変化に応じて発信内容が変化しますが，その内容の変化そのものに聴き手が注意しやすくするためです。先ほどの例は，ガス漏れに注意するよう促すパラグラフでしたから，冒頭で「ガスに火がついたら，大変です。」とトピック提示をしています。同様に，けがをしないよう注意を促す場合は「けがをしたら大変です。家のなかでも靴やスリッパをはいてください。ガラスやコップが割れているかもしれません。」とするのです。

2.2.3　減災のための「やさしい日本語」の役割

　「やさしい日本語」による情報提供は，多言語情報の代替物となりうるものではなく，多言語情報の限界の全てを超えられるものでもありませんが，かといって，日本語の表現を工夫するだけで情報を受け取れる人が増えることを忘れることもできません。また，多言語情報や「やさしい日本語」に触れられる環境は，

---

[6]　伊藤彰則が開発した「やさしい日本語」作成支援システム「やんしす ver1.01」が，（4）と（5）のプロセスが適切に実行できたかチェックするのに役立ちます。ダウンロードサイトは次のとおりです。http://www.makino.ecei.tohoku.ac.jp/~aito/YANSIS/

日本語に不慣れな人々が日本語社会の構成員であることを社会の姿勢としてはっきりと表すものでもあります。

参考文献・web サイト
佐藤和之（編著）(2009)『「やさしい日本語」の構造：社会的ニーズへの適用に向けて』弘前大学人文学部社会言語学研究室
弘前大学人文学部社会言語学研究室「やさしい日本語とは」http://human.cc.hirosaki-u.ac.jp/kokugo/EJ_a.htm

2.3 「わかりにくいことば」は誰の問題か　　　　［茂木俊伸］

2.3.1 「やさしく」話すのは難しい

大学の職員さんが，日本に来たばかりの留学生に，学生寮の入居手続きについて説明していました。次のような感じです。

　「あのね，この書類のね，ここの欄，スペースね，ここにね，フルネームで名前をね，ローマ字でいいから書いてもらえる？」

大きな声でゆっくり話していましたが，うまく通じません。そこで，英語を話せる職員さんに交代したものの，「英語はよく分からない」と言われてしまいました。

職員さんたちは，「日本語に慣れていない留学生に，できるだけ分かりやすく説明しよう」という配慮の意識を持っていたはずです（このことは，本当に「やさしい」声になるのですぐに分かります）。しかし，その努力は十分に実を結びませんでした。

必要な情報が伝わるように，相手に合わせて日本語を分かりやすくするための方法は，一つではありません。普段使いの日本語が通じないと感じたとき，上の事例のように「ゆっくり話す」あるいは「別の言語（や方言）に切り替える」という人は多いでしょう。「繰り返す」「表現を言い換える」といった工夫も，よく見られるものです。しかし，この課の2.1節と2.2節では，「文の形をシンプルにする」「場合によっては内容を補う」，さらにそれ以前の段階で「情報を取捨選択する」といった，検討すべき多様な工夫があることを見てきました。

以下では，皆さんにこの問題をより深く考えてもらうために，2つの疑問に先回りしてお答えします。

2.3.2 「やさしい日本語」は，私に関係ある話なの？

2.1節では，公的文書という行政サービスにおける情報提供の手段としての「やさしい日本語」を，2.2節では，災害発生時という極限状態における情報提供の手段としての「やさしい日本語」を見てきました。いずれも，日本語を母語としない人に，「生きる」ために必要な情報をどのように伝えるか，という問題です。

ここから私たちは何を学ぶべきでしょうか。読み物として読んで，「こういう問題もあるんだなぁ。自分は行政や日本語教育の仕事に就かないから関係ないけど。」と判断してしまったら，もったいないことになります。

確かに，「やさしい日本語」のように言語をコントロールして使う行為は，意識するだけですぐにできるようになるわけではなく，一定のトレーニングを必要とします。しかし，「どこに注目すれば分かりにくさを減らせるか」という意識を持ち，解決方法のいくつかを知っておくことは，皆さんの生活に活きる力になります。事実，「やさしい日本語」を，日本語母語話者が広く持つべき「国語」の能力の問題として捉えようという意見もあります（野田 2014）。相手に合わせて，効率的で効果的な情報伝達ができる表現を考えた方がいいのは，誰が相手であっても同じだからです。

例えば，大学入試の面接で次のように話してしまった人，いないでしょうか。

> 「このボランティア活動は，○○というグループが行っているもので，あ，この○○は市が作ったものなんですが，で，○○のメンバーは20人くらいで，でもそのうちいつも参加しているのは半分くらいなんですが，……」

説明を尽くそうとすると，長くなります。でも，それが相手に「やさしい」とは限りません。これは，公的文書でも話し言葉でも一緒なのです。

基本的に，伝え手（話し手／書き手）と受け手（聞き手／読み手）が持っている認識や情報には，差があります。だから，伝え手は受け手の視点に立って，表現を工夫する必要があるわけです。この差が特に大きいのは，「専門家と非専門家」「大人と子ども」「教師と学習者」などの間のコミュニケーションです。このうち，専門家と非専門家との間に横たわる難しい用語の問題は，公共サービス，医療，裁判などの場面が取り上げられ，言い換えや説明のためのガイドラインが作られてきました[7]。

しかし今や，皆さんが「専門家」に近い伝え手の立場に立つことも，珍しいこ

---

[7] 具体的には，杉並区役所区長室総務課（2005），国立国語研究所「外来語」委員会（2006），後藤（2008），国立国語研究所「病院の言葉」委員会（2009）などを参照。

とではありません。例えば、アルバイト先でお客さんに新しいメニューやサービスについて説明するときです。それほど難しくないだろうと思っていても、慣れない人にはよく分からないかもしれません（「分からない」とは言い出せず、分かったふりをさせてしまうこともありえます）。困ったことに、個別的な場面を網羅した解決のためのマニュアルはありません。では、必要な情報を分かりやすく伝えるための、考え方の補助線となるヒントは、「やさしい日本語」の中にないでしょうか。

最近,「コミュニケーション力」（コミュ力）とよく言いますが,「誰とでも仲良くできる力」という一面的な捉え方をしていないでしょうか。仕事に必要な日本語の力として捉えるならば、伝わらないことを想定して臨機応変に日本語を「やさしく」できるという能力は、皆さんへの信頼を生み出す大きな武器になるはずです[8]。

2.3.3 「やさしい日本語」は，もう決まっちゃったルールなの？

「この目的・範囲でこういうルールを共通に持っておこう」という実務的なガイドラインは、やがて一人歩きして、「無条件に従うべきもの」になってしまうことがあります。

例えば、2.1 節の「やさしい日本語」は日本語に加える「制約」と定義されていましたが、「常にこう書き換えなければならない」という文字通りの「制約」ではありません[9]。「誰が相手でもこうしなければならない」「ここに載っていないから配慮は必要ない」という受け止め方は、現実に困っている情報の受け手のことを考える態度ではないのです。

日本語学や日本語教育学の研究者が頑張っているのは、問題を軽減するためのガイドラインの試案（叩き台）作りです。「どこが、なぜ分かりにくいのか」を調査し、解決方法を考え、さらにその方法を試してみて評価する、といったプロセスを経て、ようやく説得力のある試案が出来上がります。しかし、これが完全なものだとは考えていません。今まさに同じ問題で困っている人のヒントにはなりますが、現実の状況が変われば、解決方法も変わるからです。

この課のタイトルにある「わかりにくいことば」は、みんなの問題です。日本

---

[8] 例えば、野田（2005）には、貼り紙やメール、マニュアルなどのさまざまな「伝わらない日本語」の例と問題解決の工夫が示されています。
[9] もちろん 2.1 節の「制約を加える」とは、「話したり書いたりするときに、相手のことを考えて工夫してみる」というような意味です（著者に確認済）。

語を伝わりやすくする工夫の引き出しを持った人を少しでも増やし，多様な背景を持つ人がより暮らしやすくなる社会を一緒に作っていきたい，というのが私たちの願いです。今後も，それぞれの立場から問題と知恵を持ち寄り，みんなで考えて，よりよい解決方法を探っていく必要があります。

参考文献

国立国語研究所「外来語」委員会（編）(2006)『分かりやすく伝える外来語言い換え手引き』ぎょうせい
国立国語研究所「病院の言葉」委員会（編著）(2009)『病院の言葉を分かりやすく―工夫の提案』勁草書房
後藤　昭（監修）(2008)『裁判員時代の法廷用語―法廷用語の日常語化に関するPT最終報告書』三省堂
杉並区役所区長室総務課（編）(2005)『外来語・役所ことば言い換え帳』ぎょうせい
野田尚史（2005)『なぜ伝わらない，その日本語』岩波書店
野田尚史（2014)「「やさしい日本語」から「ユニバーサルな日本語コミュニケーション」へ―母語話者が日本語を使うときの問題として」『日本語教育』158，pp.4-18，日本語教育学会

2.4　より広い文脈へ　　　　　　　　　　　　　［定延利之］

次の①〜⑩の当否の検討を通して，「ことばと権威」「ことばとファッション」について考えてみよう。

①仲間内でしか通じない符丁・合い言葉・隠語は，わかりやすく言い直すべきである。
②タギング（tagging）と呼ばれる，世界じゅうの街中で見かける落書き（例：図2.4.1）は，わかりにくいところがかっこいい。
③シャーマンや巫女などの宗教者が口走る「ご神託」，魔術師が唱える呪文は，わからないところがいい。誰にでもわかる平易なことばなら，ありがたみは半減する。
④最新流行のカタカナ語や英語など，周囲に理解されないことばを織り込んでしゃべる人が後を絶たないのは，人間の自己顕示欲からするとやむを得ない。
⑤条文や法律用語が本当に簡単なことばに言い換えられ，最高裁の判旨が誰にでも完全にわかるようになったら，日本の法治主義はピンチである。
⑥洋楽の歌詞が聞き取れない人，理解できない人は，洋楽の良し悪しを語る資格はない。

図2.4.1　タギングの例

⑦大勢の人がわからないのに、テレビコマーシャルや店内でBGMとして洋楽が流されるのは西洋語崇拝の影響である。
⑧意味がわからない外国語がプリントされたTシャツを着るのは外国語崇拝の影響である。
⑨体に「両替」などというタトゥーを入れている外国人は、意味を知ったらさぞ後悔するだろう。
⑩中国人が自国語の中に日本語の「の」の文字を入れるのは（図2.4.2）、勝手とはいえ、おかしいのではないか。

図 2.4.2 「の」の例（2008年、香港、写真提供 加藤隆史（http://sky.ap.teacup.com/salvador/389.html））

第 3 課 外国語の聞き取り・日本語の聞き取り

3.1 聞き取りの不思議　　　　　　　　　　　　［林　良子］

　英語の right（右）と light（光），sink（沈む）と think（考える）…これらは日本語を母語とする者にとっては，どれも聞き取りが難しいものばかりです。特に r と l の差は，英語ばかりか他の欧米諸語を学習するうえでも常に問題になり，聞き取れないだけではなく，発音もできない…といった経験が多くの方にあるかと思います。聞き取りの困難さは上に挙げたような子音の例だけでなく，bat（バット）と but（しかし）のように，母音の違いを聞き取るのも難しい場合があり，聞き取れない語は発音もうまくいかないということがしばしば起こります。

　聞き取りの間違いのパターンはいくつかあります。今，A という単語と B という単語に含まれるある子音や母音の違いを聞き取る場合，

1) A の音を聞いて A，B の音を聞いて B と答えることができる。
2) A と B を続けて聞くと，違いがあることはわかるが，どちらがどの音かわからない。

と言う2通りのパターンが考えられます。聞き取りと一口に言っても，よく考えてみると，ある音がどの音であるかわかる「同定能力」と，2つの音の違いを区別できる「識別能力」とが含まれていることに気がつきます。人間の耳は言語音に対して，高い識別能力をもっているため，連続した音が少しでも音響的に異なると，未知の音でも違いを聞き取ることはそう難しいことではありません。ただ，この音が単語の一部に含まれたりして，別の音が間にはさまったりすると，識別は難しくなります。また，A と B の音が識別できたとしても，A と B が同定できるかはまた別の問題となり，A または B だけがより同定しやすいということも起こりえます。

　ベスト (1995) は，自分の母語ではない言語（非母語）のある音の聞き取りが困難である場合に，その音がどれだけ自分の母語にある音と類似しているか（知覚同化 perceptual assimilation）によって，聞き取りの難易度が異なるという仮説，知覚同化モデル（Perceptual Assimilation Model，略して PAM）を提唱しています。PAM では，知覚同化の型は，

　(1-a) 母語の音にあるカテゴリー内の典型的な音に同化される，

(1-b) 母語の音にあるカテゴリーの典型的な音に近い音として同化される，

(1-c) 母語の音にあるカテゴリーに同化されるがその典型的な音ではない，

(2) 母語の音のカテゴリーの音として分類されない，

(3) 言語音に同化されない，

の5通りがあるとしています。ここで用いられているカテゴリー（範疇）という用語は，言語音の聞き取りについて理解するうえで，大変重要ですので，少し補足します。

　私たちが言語音を知覚するときには，まったく同じ音響的特徴をもったものを一つの音としてとらえているのではなく，ある程度の幅をもったものを一つの音ととらえています。例えば，年齢や性別の違う話者が発音する「ア」という音は正確に測定すれば，かなり異なった音響的特徴をもっているはずですが，それでも私たちは同じ「ア」という音に聞き取っています。個人間の差だけではなく，個人内の差としても，口を大きく開けた「ア」，閉じ気味に言った「ア」，悲鳴をあげるときの「ア」など音響的には異なるものの，同じ「ア」という母音に聞こえる音を発することができます。この，「ここまでが「ア」として容認される」という音響的な範囲が母音「ア」の「カテゴリー」です。カテゴリーをちょっとでも超えた音はもう「ア」として知覚されないか，または「ア」に近いけれども，別の母音（たとえば「エ」）にも近い，などとして知覚されます。音韻のカテゴリーは，言語によって数も違い，範囲も異なります。また，各カテゴリーには，その音として典型的な音というのが人間の頭の中にあり，これも各言語において異なります。日本語話者が典型的に「エ」の音と思っている音と，アメリカ英語母語話者が／e／と思っている音は音響的にはかなり違いがあります。

　話を元に戻しましょう。冒頭の例で言えば，英語のrightとlightに含まれるrとlの音は，両方とも日本語のラ行子音のカテゴリーに入ってしまうものです。つまり，外国語で2つの違うカテゴリーに入っている音が，日本語では1つになってしまうのです。しかも，日本語のラ行子音は，英語のrでもlでもなく，発音記号で書くと［ɾ］という舌先を一度だけ上の歯の後ろにたたきつける発音であり，英語のrのように舌を反り返らせて発音したり，lのように上前歯の後ろ側に舌をつけて発音したりしません。英語のrもlも日本語のラ行子音の典型的な音からは外れていると言うことができます。表3.1.1および図3.1.1には，PAMによる様々な同化のタイプと識別難易度が示されていますが，日本語母語話者にとっての英語のrとlの区別の難しさは，単一カテゴリー同化型（SCタイプ）の「難しい」にあたります。もちろん，この難しさは外国語を学ぶうちにだんだ

ん変化していくものです。知覚同化モデルに興味を持った方はさらに，フレージ (1995) の音声学習モデル (Speech Learning Model, 略して SLM) を参照するとよいでしょう。PAM で述べられている難易度が変化していく過程をさらに考

表3.1.1 知覚同化モデル (PAM) による同化の分類と識別の難易度

同化タイプ	説明	識別度
2カテゴリー同化型 Two-Category assimilation: TC タイプ	非母語の2つの音が母語の2つの異なるカテゴリーに同化される。	excellent (非常に易しい)
カテゴリー典型逸脱型 Category-Goodness difference: CG タイプ	非母語の2つの音が母語の1つのカテゴリーに同化されるが，1つの音がそのカテゴリーの典型的な音に近く1つは外れている。	moderate – very good (易しい〜中程度)
単一カテゴリー同化型 Single-Category Assimilation: SC タイプ	非母語の2つの音が母語の同じ音のカテゴリーに同化され，その典型的な音から同程度に離れている。	poor (難しい)
カテゴリー化不能型 Both Uncategorizable: CC タイプ	非母語の2つの音が両方とも母語のカテゴリーに同化されない。	poor – very good (場合によって異なる)
非カテゴリー化vsカテゴリー化 Uncategorized versus categorized: UC タイプ	非母語の2つの音のうち，1つは母語のカテゴリーに同化され，もう1つは同化されない。	very good (易しい)
非同化型 Nonassiminable: NA タイプ	非母語の2つの音が両方とも言語音としては知覚されない。	good – very good (易しい)

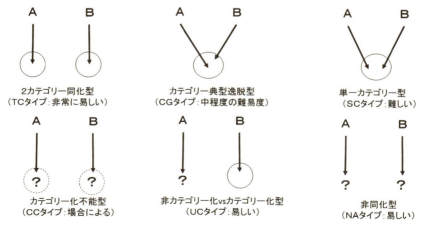

図3.1.1 非母語の A と B という音を聞いたときの，同化の型と聞き取りの難易度。○は母語のカテゴリーを示す。

察しています。

　さて，これまでは，日本語母語話者が英語を学ぶときのことを考えてきましたが，外国人日本語学習者では，どのような聞き間違いが見られるでしょうか？ 例えば，広東語話者では，日本語のナ行とラ行子音を聞き間違ったり，言い間違ったりするということが知られていますが，このような現象がPAMではどのタイプに分類されるのかなどぜひ考えてみてはいかがでしょうか。

　日本語は子音，母音ともに数が比較的少ないため，単音レベルでの問題はあまり目立たないかもしれません。日本語学習者においては，長音，促音，撥音といった特殊拍の聞き取りや，「雨・飴」といった高低アクセントの聞き取りの難しさが多く報告されています。これらの点に関しても，学習者の母語の音節構造やアクセントの特徴とどれほど類似しているかという観点から，学習者の聞き間違い，言い間違いを推測することが可能です。また，冒頭にも少し述べたように，聞き取り能力は，発音能力とも関連があり，学習によっても変化していきます。一生懸命練習したらｒの発音は区別できるようになってきたけれどもどうしても聞き取れない，といった経験はないでしょうか？

　日本語の聞き取りに関しては，英語学習者の音声知覚に比べ，まだまだ研究されていないことが多くあり，これからの発展が期待される研究テーマと言えるでしょう。

参 考 文 献

　本文中のベストおよびフレージの仮説は以下の文献中のそれぞれの論文（Best: pp.171-206, Flege: pp.233-277）に基づいています。仮説の日本語訳については，河野編（1995）の pp.171-181 を参考にしましたが，本稿ではさらに改変してあります。

Strange, W. (ed.)(1995) *Speech Perception and Linguistic Experience: Issues in Cross-Language Reseerch*. Baltimore: York Press

大久保雅子（2010）「日本語学習におけるナ行音・ラ行音の聴取混同―香港広東語母語話者を対象として―」,『早稲田日本語教育学』第 7 号，pp.97-107

河野守夫（編）（2007）『ことばと認知のしくみ』, 三省堂

3.2　日本語教育をめぐって　　　　　　　　　　　　　　［森　篤嗣］

3.2.1　モーラ言語としての日本語

みなさんは下記の例文を「正確に」発音できますか？

(1) 切手を切っていいか聞いて来てください。

上記の例を見て，何かピンと来る人は，日本語教育を少しでも勉強したことがある人かなと思います。そうでなくてすぐに気づいたのであれば，なかなかセンスがいいと思います。「きって（切手）」，「きって（切って）」，「きいて（聞いて）」，「きて（来て）」の4語は，すべて「き」と「て」の組み合わせによる語です。「きって」の「っ」は促音，「きいて」の「い（もしくは「ー」）」は長音と呼ばれます。促音と聞くと，「促音便」とかいう国語の時間に習った記憶がよみがえるのではないでしょうか。「撥音便」というのもありましたね。

　日本語学習者にとって，特殊拍（促音「っ」，長音「ー」，撥音「ん」）の聞き取りや発音が難しいことはよく知られています。また，「きって（切手）」と「きって（切って）」は，両方とも促音で同じに見えますが，「きって（切手）」は平板型，「きって（切って）」は頭高型で，アクセントが異なります。日本語学習者は，これらを聞き分けなければいけない上に，発音する場合には，特殊拍の脱落（例：切って→切て）はもちろん，挿入（例：来て→来って）による誤用も見られます。日本語の音声では，拍という概念が重要で，拍のことを言語学ではモーラと呼び，「日本語はモーラ言語である」という言い方をします。

3.2.2　日本語学習者の苦難

　それではなぜ，日本語学習者にとっては促音や長音などの特殊拍の修得が困難なのでしょうか。それは日本語学習者の母語の影響があります。ところで，みなさんは「グリコ」という遊びをしたことがあるでしょう。じゃんけんをして，グーで勝つと「グ／リ／コ（3歩）」，チョキで勝つと「チ／ヨ／コ／レ／ー／ト（6歩）」，パーで勝つと「パ／イ／ナ／ツ／プ／ル（6歩）」と進む遊びです。この遊びを思い出してみると，私たちが長音や促音を1拍として捉えていることがよくわかります[1]。

　しかし，英語では「choc/o/late」は3音節，「pine/apple」は2音節です。拍（モーラ）と音節（シラブル）は異なる特徴を持っているので，この異なりが日本語学習者の聞き取りだけでなく発音も困難にします。特に特殊拍を一つの自立した拍として認識するという言語はそれほど多くないということが，日本語学習者にとって特殊拍の修得を困難にさせている要因の一つなのです。

---

[1]　しかし，「チョコ」の「ョ」のような拗音の一部も1拍と数えていることもわかります。拗音は「チョ」のように2文字で表記しますが，1拍なので「ョ」は特殊拍とは呼びません。みなさんも子どもの頃，「チ／ヨ／コ／レ／ー／ト」の「ヨ」には違和感を持ちませんでしたか？

3.2.3 日本語の自然発話におけるモーラとビート

しかし，先ほどの「チョコレート」ですが，本当に私たちは自然言語で「チ／ヨ／コ／レ／ー／ト」などという間延びした発音をするでしょうか。実は特殊拍を自立した拍として捉えるというのは，俳句を代表とする五七五の定型詩の影響が強くあります。

(1) 名月を　とってくれろと　泣く子かな（小林一茶）
(2) メーゲツヲ　トッテクレロト　ナクコカナ

(1) の俳句を (2) のように片仮名で書いてみるとわかるように，「名月を」に長音，「とってくれろと」に促音があり，長音も促音も1拍として数えていることがわかります。しかし，「名月を」を「メ／ー／ゲ／ツ／ヲ」のように5拍で読むというのは，俳句では当たり前でも，現代を生きる私たちの自然発話としては間延び感が強く，手を叩きながら発音してみると，「メー／ゲツ／ヲ」のように手を3回叩くところに押し込めていることがわかります。このように手を叩く時間のことを，これまで出てきた「拍（モーラ）」と区別して，「ビート」と呼ぶことにします。

このように考えると，「チョコレート」と言うとき，日本語でも間延びした6拍ではなく，もっと短いビートでもおかしくない，いや，むしろ自然だということになります。「♪チョッコレート，チョッコレート，チョコレートは明治」[JASRAC 出 1504184-501] というCMがありますが，このときの「チョッコレート」は「チョッ／コ／レー／ト」で4ビートになります。

日本語学習者に対する音声教育でも，例えば「病院」と「美容院」の2語の発音を練習するときに，1拍ごとの長さが同じであるという概念に基づき，1拍＝1ビートのリズムを取る方法が主流です。

(3) 病院　　びょ／う／い／ん（4拍＝4ビート）
(4) 美容院　び／よ／う／い／ん（5拍＝5ビート）

しかし，近年では，(3) や (4) のような「1拍＝1ビート」の練習方法は自然発話とは全く異なり，音声的実態に合わないとして，「2拍＝1ビート」のリズムを用いた練習の方が，自然発話に近く効果的であるということも提唱されています[2]。

---

[2] 戸田（2004, 2007）を参照のこと。

(5) 病院　びょう／いん（4拍＝2ビート）
　(6) 美容院　び／よう／いん（5拍＝3ビート）

3.2.4　歌詞に見るモーラ

　このように考えてみると，確かに「1拍＝1ビート」よりも，「2拍＝1ビート」の方が現代の私たちの感覚に合っている気がします。しかし，俳句を代表とする五七五の定型詩が私たちの言語規範に与える影響は強く，言語規範と音声的実態がそぐわない状況になっていると言えます。

　こうした規範と実態のずれは童謡やJ-POPの歌詞にも見られます。まずは童謡の歌詞から考えてみましょう。私たちになじみの深い童謡の一つである「ちょうちょう」は，野村秋足が1881年に文部省が発行した『小学唱歌集』に「蝶々」という表題で掲載され，その後，1947年に同じく文部省が発行した『一ねんせいのおんがく』に改作されて現在のよく知られている歌詞で掲載されました。下記に示します。

　(7) ちょうちょう／ちょうちょう／菜の葉に／とまれ
　　　菜の葉に／あいたら／桜に／とまれ
　　　桜の／花の／花から／花へ
　　　とまれよ／遊べ／遊べよ／とまれ

　冒頭文の「ちょうちょう」は，長音も1拍として歌い，「菜の葉にとまれ」以降は，全て「1拍＝1ビート」でのんびりと歌い上げられます。もちろん，これはこれでなじみもあり，牧歌的でよいのですが，改めて現代の音声的実態から考えてみると，間延びしている感が否めません。

　実は「ちょうちょう」の原曲は，ドイツ東部ドレスデンの教師だったフランツ・ヴィーデマンの作詞で「Hänschen klein（小さなハンス）」という題名で，子どもの旅立ちの歌でした。この原曲の歌詞を活かし，日本語で歌えるように作詞されたものがあるので1番だけ紹介したいと思います[3]。

　(8) 小さなハンス／可愛いハンス／遠くへ／旅立った
　　　大きな帽子が／良く似合い／勇んで／旅立った
　　　けれども／母さん／涙を／浮かべてる
　　　「小さなハンス／さようなら／ご無事を／祈ります」

---

[3]　村尾（2011）の190～196ページを参照のこと。

(8)を「ちょうちょう」のメロディで歌ってみるとわかりますが，多くの箇所で「2拍＝1ビート」に詰め込まれています[4]。ぜひ，歌ってみてください。こうした歌詞の詰め込みという傾向は，J-POPに通ずるものがあります。

DREAMS COME TRUEのヒット曲であり，多くのアーティストにカバーされている「未来予想図Ⅱ」では，下記のような歌詞が出てきます。

(9) 私を降ろした後　角をまがるまで　見送ると
　　いつもブレーキランプ　5回点滅
　　ア・イ・シ・テ・ル　のサイン　　　　　　　　　　　[JASRAC 出 1504184-501]

ここではブレーキランプの5回点滅が「愛してる」のサインとなっています。歌詞もわざわざ「ア・イ・シ・テ・ル」と1文字ずつ区切って表記していますし，メロディを聴いても「1拍＝1ビート」です。しかし，ブレーキランプは文字ではありませんので，このサインは5回でなければ駄目ということもないはずです。この曲の後半には，「愛してる」という歌詞がもう一度出てきます。

(10) 2人でバイクのメット　5回ぶつけてたあの合図
　　 サイン変わった今も　同じ気持ちで
　　 素直に　愛してる　　　　　　　　　　　　　　　　[JASRAC 出 1504184-501]

(10)の「愛してる」は，メロディを聴いてみると，「愛／し／てる」と3ビートで歌われています。さらに他の曲も考えてみると，同じく多くカバーされている稲垣潤一の「クリスマスキャロルの頃には」[JASRAC 出 1504184-501]のサビの最後で，「♪誰を愛してるのか　今は見えなくても」の「愛してる」は，「愛し／てる」と2ビートになっています。

このように，先の「ちょうちょう」と「小さなハンス」と同じようなビートへの詰め込みがJ-POPにも見られます。その一方で，「愛してるのサイン」では疑いなく「5回点滅」と作詞するあたりに，「1拍＝1ビート」の呪縛も見られ，J-POPでも，日本語教育と同じく言語規範と音声的実態のずれがあるようです。

参考文献
戸田貴子（2004）『コミュニケーションのための日本語発音レッスン』スリーエーネットワーク
戸田貴子（2007）「日本語特殊拍の習得に関する研究」『日本語教育通信』31，国際交流基金

---

[4] 村尾（2011：191）の解説によると，「2拍＝1ビート」への詰め込みは意図的なものであり，J-POPとの共通性も指摘しています。伝統的な歌詞では，わらべ唄も詰め込みの傾向があるとのことです。

http://www.jpf.go.jp/j/japanese/survey/tsushin/reserch/031.html
村尾忠廣（2011）『唱歌・童謡・わらべ唄の伴奏和声—問題の分析と解決のための補正・改作事例集』帝塚山大学出版会

3.3　文節でしゃべる　　　　　　　　　　　　　　　　　　［定延利之］

　母語話者の発話が学習者に聞き取りにくいのは，どの言語でも同じことです。ただし，日本語の場合，学習者に聞き取りやすくする一つの有効な方策があるようです。

　英語の場合，発話の単位は主に文[5]になると言われていますが（Chafe 1980; 1987），日本語では発話の単位はしばしば「文節」になることが知られています（Clancy 1982, Maynard 1989, Iwasaki 1993, 定延 2006; 2008）。ここで言う文節[6]とは，橋本進吉が注目した単位で（橋本 1948），たとえば「私が」や「授業中に」のような，文よりも小さなかたまりです。いまではほとんど忘れ去られていますが，なにしろ日本語のごく一般的な発話の単位ですから，再評価の動きも出ています（定延 近刊）。

【問1：倒置とコピュラと間投助詞】
　次の発話①②③それぞれのaとbの自然さを比べてみましょう。
　①a．後で訴えられるよ。
　　b．訴えられるよ，後で。
　②a．後でさー，訴えられるよ。
　　b．訴えられるよ，後でさー。
　③a．後でですね，訴えられますよ。
　　b．訴えられますよ，後でですね。

　或る文節と別の文節の文中での位置を入れ替える，つまり文節を倒置するという作業は，一つの文節を越えた，文全体を見据えた作業なので，文節単位で発話している時には起こりません[7]。文法学者は倒置のような現象をよく取り上げるので，まるで倒置がいつでも生じる現象のような印象を持っている人もいるかもしれませんが，実は倒置は，話し手が文単位で発話している時にしか生じません。

　文節の倒置が起きている時，コピュラ（「です」など）や間投助詞（「さー」「ね」など）が非述語文節（「後で－」）の末尾に生じるのが自然に感じられないとすれば，それはそもそも，コピュラや間投助詞が非述語文節の末尾に現れるという現象も，いつでも生じる現象ではなく，話し手が文節単位で発話している時にかぎって生じる現象だということです。

---

[5]　ここでは「主語＋述語」を指しています。節と言う方が厳密ですが，ここでは文としておきます。
[6]　シンタグマ（syntagma）という英訳がありますが，これを言いさえすれば外国人に分かってもらえるというわけではまったくありません。
[7]　ただし，言い忘れた文節を後から言い足すということはあり得ます。

3.3 文節でしゃべる

【問2：コピュラと間投助詞（続き）】
　お化け屋敷に一人で入ると言い張る子どもに，ふざけて軽いプレッシャーをかけようとする際，単語「こわい」のアクセント（「こ」は低，「わ」は高，「い」は低）を無視して，「こ」を低く，そこからじりじりと音を高くしながら，「こわいぞー」などと言うことがあるでしょう。このような言い方を仮に【じりじり上昇】と呼ぶことにします。次のような，【じりじり上昇】で発話される④のaとbとcの自然さを考えてみましょう。
　④ a.【じりじり上昇で】後で怒られるぞー
　　b.【じりじり上昇で】怒られるぞ後でー
　　c.【じりじり上昇で】後でね怒られるぞー
　単語のアクセントを無視して，自分のきもち（相手に冗談で軽いプレッシャーを与えようとする態度）に応じた一つのイントネーション（【じりじり上昇】）だけを音調に反映させて発話するということは，文や文節ではなく，イントネーションを単位として発話するということです。

【問3：コピュラの音調】
　次の発話①〜⑧におけるコピュラ「だ」「です」の音の高低を考えてみましょう。
　①これはイヌだ。
　②これはイヌです。
　③それはサルだ。
　④それはサルです。
　⑤あれはキジだ。
　⑥あれはキジです。
　⑦その上だねえ
　⑧あのですねえ
　述語文節のコピュラの音調は，直前の語のアクセント次第です。直前の語が「イヌ」のように，最終モーラ（「ヌ」）にアクセント核（音の下がり目。直後の音は低くなる）を持つなら，「だ」「です」は低になります。直前の語が「サル」のように，第1モーラ（「サ」）にアクセント核を持つなら，残りの部分（「ル」）と同様，「だ」「です」も低になります。直前の語が「キジ」のように，アクセント核を持たなければ，その語末（「ジ」）と同様，「だ」は高になり，「です」は頭高型に（つまり「で」が高く「す」が低く）なります。
　非述語文節のコピュラの音調は，直前の語のアクセントとは関係しません。つまり「だ」も「です」も，いつも低で発せられます。

【問4：跳躍的上昇と戻し】
　たとえば「それを」の「を」を，直前の「れ」よりもさらに高く言うことがあるでしょう。直前の「れ」からなだらかに上昇するのではなく，ジャンプしたように聞こえる

言い方です。この言い方を仮に【跳躍的上昇】と呼ぶことにします。また,「それをぉ」のように,【跳躍的上昇】の後で音を低く戻すこともあるでしょう。これを「戻し」と呼ぶことにします。では,次の発話①～⑧の自然さを考えてみましょう。

① [「ね」を【跳躍的上昇】で] それをね,
② [「ね」を【跳躍的上昇】で戻す] それをねぇ,
③ [「を」を【跳躍的上昇】で] それをだ,
④ [「を」を【跳躍的上昇】で戻す] それをぉだ,
⑤ [「ね」を【跳躍的上昇】で] それをだね,
⑥ [「ね」を【跳躍的上昇】で戻す] それをだねぇ,
⑦ [「を」と「ね」を【跳躍的上昇】] それをだね,
⑧ [「を」を【跳躍的上昇】,「ね」を【跳躍的上昇】して戻す] それをだねぇ,

　普通,【跳躍的上昇】は一つの文節につき1度だけしか起こりません。しかし,文節に格助詞とコピュラと間投助詞が現れると,格助詞で1度[8],間投助詞でもう1度,合計2度【跳躍的上昇】することができます。ただし,戻せるのは最後の【跳躍的上昇】だけで,最初の【跳躍的上昇】は戻せません。コピュラがなくても,たとえば「それだけをさぁ」のように,【跳躍的上昇】を2度おこなえる(「け」を【跳躍的上昇】,「さ」を【跳躍的上昇】で戻す)ということは有りますが,ごく一部に限られるようです。

　日本語は文節ごとの発話が多いので,学習者にわかりやすいよう,文よりも小さな文節に区切ってしゃべるということは,発話の自然さを損なわない,特に有効なやり方と言えるでしょう。しかし,ここで示したような文節単位のしゃべり方はほとんど解明されておらず,多くの研究はたとえば倒置のような,文単位でしゃべった場合に生じる現象の研究に集中しています。そもそも多くの研究者は「しゃべり方」など注目しておらず,文法と音声は切り離されたものだと考えて文文法の研究に集中しているようです。
これでよいのでしょうか？

参 考 文 献

定延利之(2005)『ささやく恋人,りきむレポーター――口の中の文化』岩波書店
定延利之(2006)「文節と文のあいだ――末尾上げをめぐって」音声文法研究会(編)『文法と音声』,5, pp.107-133, くろしお出版
定延利之(2008)「「表す」言葉から「する」言葉へ」,張 威(主編)『日本語言文化研究:日本学框架与国際化視角』,pp.109-115, 北京:清華大学出版会
定延利之(2013)「日本語のアクセントとイントネーションの競合的関係」日本語音声コミュニケーション教育研究会(編)『日本語音声コミュニケーション』,1, 和文編, pp.1-37, http://www.hituzi.co.jp/epublish/academic_journal/nhng_onsei/index.html
定延利之(近刊)「日本語教育に「文節」を活かす」『日本言語文化研究会論集』第10号
橋本進吉(1948)『国語法研究』岩波書店
Chafe, Wallace (1980) *The Pear Stories: Cognitive, Cultural, and Linguistic Aspects of Narrative Production*, Norwood: Ablex

---

[8] ただし,独自のアクセントを持つ「まで」など,例外はあります。

Chafe, Wallace (1987) "Cognitive constraints on information flow." In Russell S. Tomlin (ed.), *Coherence and Grounding in Discourse: Outcome of a Symposium*, Eugine, Oregon, June 1984, Amsterdam; Philadelphia: John Benjamins, pp. 21-51

Clancy, Patricia (1982) "Written and spoken style of Japanese style." In Deborah Tannen (ed.), *Spoken and Written Language: Exploring Orality and Literacy*, Norwood: Ablex, pp. 55-76

Iwasaki, Shoichi (1993) "The structure of the intonation unit in Japanese." In Soonja Choi (ed.), *Japanese/Korean Linguistics, Vol. 3*, pp. 39-51

Maynard, Senko K (1989) *Japanese Conversation*. Norwood: Ablex

第4課 腹立たしい言い方

4.1 レストランに行ってみたら　　　　　　　　　　［石黒　圭］

4.1.1 言葉遣いに表れる接客の姿勢

　レストランに食事に行ったとき，店員の細やかな気配りで，食事をほんとうに楽しめたと実感できることがあります。そうしたお店には，リピーターとして，二度，三度と足を運ぶことになるでしょう。

　一方，初めて行った店員の接客が不愉快で，怒りに火がついてしまうことがあります。その後の店員の応対で，さらに怒りの火に油が注がれることさえあります。そうしたお店を後にするとき，今後，二度とこのお店に足を向けないと心のなかで誓うでしょう。

　なぜ，このような違いが生まれるのでしょうか。私たちが客として不愉快さを覚えるときには，店員に大事にされていないという感覚があるように思います。その背後に，店員の接客の姿勢，とくにその姿勢が顕著に表れる言葉遣いがあることは疑いありません。本節では，言葉遣いに表れる店員の接客の姿勢について考えます。

4.1.2 お客の期待に応える接客

　私たちは，どんなレストランで会っても，そこに初めて入るとき，それなりに緊張します。そのレストランの雰囲気がわからないからです。

　私は先日家族で，あるデパートのレストランに行きましたが，その店の入り口でいくら待っても，店員がなかなか出てきませんでした。店員は何人もいて，こちらをちらちらと見ているのですが，すでにテーブルについているお客にたいする接客で忙しいらしく，新たに来店したお客まで手が回らない様子です。

　5分後，ようやく店長らしき人が出てきましたが，開口一番

　　(1)「お客さまは何名様ですか。」

と聞かれました。
　結局，私たちは店には入りませんでした。

(2)「お待たせしました。」

の一言がなく，店がわに軽く扱われている気がしたからです。

　コミュニケーションは，期待によって成り立っているシステムです。コミュニケーションの参加者は，たがいに相手の期待に応えようと努力します。いわゆる空気を読むと呼ばれる行動が，その一つの表れです。

　とくに，お金を払ってサービスを享受する場合，私たちは店側のサービスに期待を持つものです。その期待をはるかに上回るサービスを受けると，喜びを感じる一方，期待外れのサービスには，失望を覚えます。失望の度合いが深いと，クレームという形で，その失望が噴出することもあります。

　私が，「お待たせしました。」という一言を店員に期待したのは，お客を長い時間お店のまえで待たせたので，それにたいする労いがあって当然だと考えたからです。そのお店に入らなかったのは，そうした労いのないお店では，楽しく食事できないと判断したからです。

　接客の基本はお客の期待を察し，察した期待に応えることです。お店が混雑しているときに接客の質が落ちるのは，忙しすぎて，店員がお客の期待を察することも，察した期待に応えることも難しくなるからでしょう。

　【接客ポイント①】お客の期待を察し，それに応える言葉を示そう。

4.1.3　お客の意向を確かめる接客

　レストランの場合，入店すると，店員に席まで案内されるのがふつうです。そんなとき，

(3)「こちらのお席でお願いします。」

と言われて嫌な気持ちがしたことはないでしょうか。

　お願いされる「こちらのお席」は，人数の割には狭い席だったり，人がよく通る場所にある落ち着かない席だったりします。その場合，お客としては変えてほしいなあと思うのですが，「お願いします」と一方的に通告されてしまうと，なかなか言いだしづらいものです。

　一方，できるレストランの店員は，

(4)「こちらのお席でいかがでしょうか。」

と，こちらの意向を確かめる疑問文を使います。そもそも疑問文で意向を確認し

てくれるようなお店は，条件のよい席を紹介してくれることが多いものですが，もし条件が悪くても，意向を確かめられる形で聞かれているので，こちらの希望も切りだしやすくなります。

一般に，「～してください」というお願いよりも「～できますか」という疑問のほうが丁寧になるものです。それは，Yes-Noで答えられる形で尋ねられることで，聞き手の意向を確認することになるからです。

【接客ポイント②】お客の意向を疑問文で確かめよう。

4.1.4 十分に説明する接客

食事も終わり，そろそろ次の予定が気になる時間になってきました。しかし，そんなときにかぎって，食後のデザートが忘れられているものです。そこで，あなたは店員を呼び止め，「すみません。注文していたデザート，まだなのですが。」と伝えます。

そんなとき，

　(5)「少々お待ちください。」

と言って店員が去って行ったとしたら，要注意です。「少々」がかなり長い時間になったり，ひどいときには放置されたままになったりするからです。

「少々お待ちください。」だけでは不十分です。すでに待たせてしまったことへのお詫びと，何のために「少々」待たせるのかという説明が必要です。

　(6)「お待たせして申しわけありません。キッチンに確認してまいりますので，少々お待ちください。」

このように言い残して立ち去る店員の接客は間違いありません。短い時間で戻ってきて，事情をきちんと説明してくれるはずだからです。

【接客ポイント③】お客に事情を丁寧に説明しよう。

4.1.5 マニュアルの功罪

食べログに代表される口コミのグルメサイト全盛の時代にあって，店員の接客力がお店の評価に関わることは，レストランの経営者もよくわかっています。そこで，店員の接客力が上がるよう，マニュアルを整備することになります。

マニュアルが整備されることで，接客のトラブルは確かに減ると思います。事実，言いにくい内容を話すときには，その内容を和らげるために，「申しわけあ

りませんが」「恐れいりますが」「恐縮ですが」「ご面倒ですが」などのクッション言葉をつけなさいという指導がマニュアルをとおして行き届き，その結果，不用意な言葉を唐突にお客にぶつけてしまうことは少なくなったように感じられます。

しかしながら，マニュアルがトラブルを防ぐために万能かと言うと，かならずしもそうではないように思います。マニュアルどおりに言ったために，かえってお客の気分を害することもあります。たとえば，

　　(7)「恐れいりますが，当店は全面禁煙になっております。」

という言葉は，けっして間違ってはいませんが，そのままお客に言うと，トラブルになりそうです。

もしお客に「だから？」と促されたら，

　　(8)「おタバコはご遠慮ください。」

と言うことになるからです。そもそも，全面禁煙のお店であることを知っていて，あえてタバコを吸うようなお客は，クレーマーであることが多く，(7) や (8) のような直接的な表現はトラブルのもとです。

　　(9)「恐れいりますが，当店は全面禁煙になっておりまして……。」
　　　「だから？」
　　　「申しわけありませんが，外に喫煙所があるので，そちらでお願いできれば……。」

のように，お客の反応を見ながら，はっきり言いきらない文末を使ったほうが，マニュアルに則った言い方よりもお客のプライドを刺激せずにすみそうです。

文末を言いきってしまうと，よく言えば断固たる姿勢が，悪く言えば杓子定規の姿勢が伝わります。その結果，お客のがわは，自分の意向に反して店のルールを押しつけられたような気持ちになり，無茶と知りつつも，言いがかりをつけたくなる反発心が芽生えてくるのでしょう。

接客でよく指摘される慇懃無礼な言い方も，マニュアルどおりに言おうとした結果として起こりがちです。接客マニュアルは，お客との無用なトラブルを避けるために存在するわけで，接客マニュアルに従った結果，かえってトラブルが生じる危険性があると感じたら，あえてそこから外れることも必要になるのです。

【接客ポイント④】状況によっては，接客マニュアルから外れる勇気を持とう。

4.2　子どもと大人のすれ違い　　　　　　　　　　　［森　篤嗣］

　ここでは「腹立たしさ」の中でも，子どもと大人のすれ違いを題材にしたいと思います。このテーマだと少し古いですが，尾崎豊の「♪心の一つも分かり合えない大人たちを睨む（『十五の夜』より ［JASRAC 出 1504184-501］）」を思い出してしまいます。Yahoo! 知恵袋を拝見していると，「大人になると心が鈍くなるから」とか，「わからなくなってるのではなく，わかっているから助言している」とか，「資本主義，拝金主義だから（！）」とか様々な意見があっておもしろいのですが，ここでは心の問題ではなく，言葉（語用論）の問題として考えてみましょう。

4.2.1　「いまからやろうと思っていたのに…」

　みなさんも一度は言ったことがあるのではないでしょうか。多くの場合，「やりなさい」と言われるのは宿題（勉強）もしくは練習（ピアノとか）ですね。ここでの最初のポイントは，「いまからやろうと思っていたこと」は，本人も「やらないといけないなぁ」と思っていることだということです。例えば，子どもがものすごく毎週楽しみにしているアニメ番組の時間が近づいているときに他のことをしていて，お母さんが「今日はあのアニメは見ないの？」と言われて，「いまから見ようと思っていたのに！」と言ったりしないということです（もちろん，言う子どももいるかもしれませんが）。

　ここでポイントとなるのは，いわば「待機状態」と「保留状態」とでも呼ぶような状況の違いです。アニメ番組の場合は，楽しみに待っていようが，その瞬間は忘れていようが，「待機状態」にあるわけで，きっかけが与えられることによって「わーい」と，すぐに歓迎して切り替わります。楽しいことをするという「待機状態」の場合，切り替えには特にエネルギーも必要ではなく，スタンバイ中のパソコンの電源を触れば動くように，抵抗なく移行します。

　さて，「いまからやろうと思っていたのに！」はどうでしょうか。これは「保留状態」です。本人も「やらないといけないなぁ。でも面倒だなぁ」と躊躇している状態です。この「保留状態」のとき，「やること」への移行には結構なエネルギーが必要です。「今日は OK，明日からダイエット」や，「この一箱を吸ったら禁煙」などは，典型的な「保留状態」で，本人もきっかけを探し続けている状態です。本人が設定するきっかけですから，先延ばしも可能です。それはあくまで先延ばしであって，放棄ではありません。「私はあきらめてはいない。ちゃんと考えている」という状態の保持です。

さて，こんな「保留状態」のときに，「宿題は?!」と言われたらどうなるでしょう。腹が立ちますね。間違いなく。「いまからやろうと思っていたのに！」と言い返す気持ちもわかります。ここで重要なのは，先にも述べたように「保留状態」というのは，本人にとっては「私はあきらめてはいない。ちゃんと考えている」という状態の保持なのです。もし，真面目なお母さんが「なぜ，娘がやる気になったときに，私はシンクロするかのようにこういうことを言ってしまうんだろう」と悩んでいたら，世の中のお母さんに私は助言したいと思います。「シンクロなんかしていません。長い保留状態のどこかできっかけを与えただけです。人間はいろんなことを保留して，自己正当化する生き物なのです」と。そして，特効薬として，「あら，同じことを考えていたなんて奇遇ね！」と言って高らかに笑うことをお勧めします。

4.2.2 「わかるよ。私も若い頃は…」

前項は「大人と子どものすれ違い」でしたが，ここでは「大人同士のすれ違い」を扱います。こちらは学校場面では「教師から生徒へ」，社会場面では「上司から部下へ」が定番でしょうか。「私も若い頃は…」については，まずその前提となる「若い頃」の裏がとれないというのが致命的です。定番に「ワルだった」がありますが，ぜひ写真などの証拠物件をご用意いただきたいものです。ただ，「ワルだった」証拠物件があったとして，教師が「ワル」とか，部長が「ワル」とかいうのが，未来ある若者へ取り入るツールとして使われるのは解せません。できるだけお控えになった方が無難です。

それはさておき，なぜ「わかるよ。私も若い頃は…」は，若者の心をつかめず，かえって白ける場合が多いのでしょうか。まず，「わかるよ」がとてもまずいということです。コミュニケーションというのは，わかり合えないことから始まるという考えもあります[1]。それなのに，冒頭から「わかるよ」では，相手の人格を「すぐに把握できる浅いもの」と言っている恐れもあり，よろしくありません[2]。

さらに，「私も若い頃は…」と続くのは，さらによろしくありません。もちろん，うまく共感が得られる場合もあるかもしれませんが，人によって体験は異なるのはもちろん，体験に対する見解も大きく異なります。体験には短時間的な体験

---

[1] 平田（2012）を参照のこと。
[2] 「わかるよ」の対象が，人格ではなく「辛いものを食べた翌日のトイレはつらい」といった短時間的で具体的な体験に基づくものであれば，共感も得やすいかもしれませんが。

（例：シベリアでまつげが凍った）と，長時間的な体験（例：シベリアで3年間過ごした）があります。長時間的な体験であるほど，個人の中にそれが特別な体験であると刻まれることが多く，こうした個人にとって特別である長時間的な体験を「私も若い頃は…」で同一視してしまうことは，大きな反発を生むことになりかねません。

ただ，若者の「個人にとって特別な長時間的な体験」も，時間が経つにつれ，個人の中で偶像化される傾向にあり，長い年月を経て「わかるよ。私も若い頃は…」として再生産されるのは皮肉なことです。

参考文献
平田オリザ（2012）『わかりあえないことから―コミュニケーション能力とは何か』講談社現代新書

4.3 取扱説明書（マニュアル） ［金田純平］

4.3.1 マニュアルの苦手な人

電化製品や携帯電話，ゲームソフトなどを買ったときにマニュアル（取扱説明書）が付いてきます。しかし，マニュアルを読むのが得意な人と苦手な人が存在します。皆さんも次の見無子さんと読人くんのようなやりとりを経験したことはありませんか？

　　見無子：「ここの使い方がわかんないんだけど教えて」
　　読人　：「そんなことマニュアルに書いてあるだろ？」
　　見無子：「見つからないから訊いてるんだよ」

読人くんのように得意な人は何とも思わないかも知れませんが，見無子さんのように苦手な人はマニュアルを見ずに済ませたいと考えます。マニュアルを読まずに使いはじめ，そのうち困ったときになってようやくマニュアルを見るのですが，今度はそのマニュアルに悩まされてしまいます。

この節では，見無子さんのようなマニュアルが苦手な人が陥るポイントについて考え，マニュアルの持つ問題点についてコミュニケーションの観点から考えます。

4.3.2 欲しい情報が見つからない

マニュアルに対して抱かれる不満の一つに，欲しい情報がすぐに見つからないことが挙げられます。ライターの渡辺由美子氏は，対談においてマニュアルに対

する不満を次のように述懐しています。

> 電子レンジを買ったとき,「レンジで温める秒数を自分で決めるにはどうすればいいの?」という基本中の基本の所を探していたら,一向に出てこなくて。最初に「加熱の仕組み」から始まって,それぞれの部品の説明,温めボタン＋（プラス）で20秒温まります,とか書いてあるわけ。ええっ? 毎回足し算して決めなきゃいけないの? と焦っていたら,マニュアルの最後のほうになってようやく「ダイヤルを回して秒数を決める」が出てきたんですね。もう倒れそうでした。　　（山中・渡辺, 2009）

このエピソードに見られるマニュアルの問題点は,部品の名称や製品の特長といった利用者にとってあまり重要でない情報が先に来るところにあります。渡辺さんがマニュアルで体験したことを話し言葉で考えると,マニュアルに内在するコミュニケーション上の問題がより明らかになります。

　見無子：「温める時間ってどう決めたらいいの?」
　読人　：「電子レンジの原理って知ってる? …（長いので中略）…で,「温めボタン＋」っていうのを押したら20秒延長するんだよ」
　見無子：「えっ,温める時間からボタンを押す回数を計算しろってこと?」
　読人　：「だったらダイヤル回して決めたらいいよ」
　見無子：「それを先に言わんかいっ!（怒）」

見無子さんは,解決できてよかったという気持ちよりもむしろ怒りのほうが勝ってしまいました。マニュアルに対する不満はこのようにして形成されるのです。

4.3.3　なぜ重要でない情報が先に来るのか?

見無子さんのような利用者が必要な情報をすぐにマニュアルから得られないのは,マニュアルの構造に問題があるのではないでしょうか。電化製品のマニュアルを例に,書かれている内容ごとに分類すると,たいていの場合表4.3.1のような順番で構成されます。

①②③では機器の使用前に前提となる情報,④⑤では利用において最低限必要な内容,⑥⑦では中上級者向けの追加情報,⑧⑨では使用中のトラブル対処の情報です。つまり,全体的な情報から個別具体的な内容へと推移する構成になっていると言えます。

マニュアル製作者が最初に特長や部品の名称を説明するのは,まず場を共にしない読み手に全体像をつかんでもらい,製作者との共通理解を持ってもらいたいからです。そうすれば,以降の詳細についてスムーズに理解できるはずだと考え

表 4.3.1　電化製品マニュアルの構成例

順序・区分	説明
①安全上のご注意	製造物責任法（PL 法）に基づく使用上の安全に関する諸注意
②特長	この製品で出来ることや新機能の紹介
③各部・付属品の名称	機器の部品，装置，付属品の形状・位置・名称に関する説明
④初期設定	機器の設置やケーブルの配線，使用に当たっての設定
⑤基本操作	使用において最低限必要な操作の説明
⑥機能の説明	⑤基本操作では省略された機能・設定についての詳細情報
⑦便利機能	新機能もしくはやや複雑な操作を要する機能の説明
⑧お困りの時は	使用の各局面で遭遇しうるトラブルの説明と対処法
⑨索引	キーワードから該当するページを探す

ます。学術論文や技術文書はこの考え方に基づいた合理的な構成になっています。

一方，見無子さんのような利用者が困っているとき，欲しいのはトラブルの解決に必要な個別具体的な情報です。製品は目の前にあるので特長や部品の名称を知る必要もありません。したがって，参照するページは④初期設定と⑤基本操作です。⑧「お困りの時は」も参照したいのですが，最後の方ではなくむしろ④⑤の中で説明があればより早く解決に導けます。もっと言えば，④⑤が最初にあれば一番良いはずです。

4.3.4　大きな親切小さなお世話

マニュアル製作者は，すべての情報を提示することが親切であると考えています。複数の方法があればそれらをすべて提示し，利用者に選択の自由を与えることが親切であると信じています。

しかし，利用者は最も簡単でより確実な方法を一つ教えてくれることを望んでいます。たくさんの情報が網羅的に提示されるとどれが良いのかわからなくなり不安になります。次の例は大阪に初めて来た人に神戸の三宮へ行く交通手段を教える発話ですが，(1) と (2) ではどちらが親切だと思いますか。

　(1) 三宮だったら阪神でも阪急でも JR でも行けるよ。
　(2) 三宮だったら JR で新快速に乗るのが一番早いよ。

(2) は駅からの距離やダイヤによっては正しくない場合があるのですが，むしろ一つの具体的な手順が示されることで不慣れな相手も安心します。製作者が考え

る親切とは言い換えれば合理性・正確さ・自由であり，残念なことにそれらは利用者の安心にはただちにつながらないのです。

4.3.5 利用者にやさしいマニュアルとは

マニュアルの問題点は，製作者が提供するものと利用者が求めるものが異なっていることです。製作者は全体から個別へと合理的に説明しようとしますが，利用者は最初から個別具体的な情報を得ようとします。製作者の考える「正しさの押し付け」という一方通行のコミュニケーションを改め，利用者の行動に配慮して見直す必要があります。

もし皆さんがマニュアル製作に携わるときには，見無子さんを思い浮かべ彼女が不安にならないように配慮してみてください。具体的には次のことを心がけるとよいでしょう。

- 製品の全体像よりも先に，まず基本的な使い方を具体的に示す
- 部品や機能を中心とする構成にせず，実際に使う場面に沿った構成にする
- 複数のやり方がある場合，羅列するのではなく最も簡単で確実な方法を最初に示す

参 考 文 献

海保博之（2002）『くたばれマニュアル！—書き手の錯覚，読み手の癇癪』新曜社
山中浩之・渡辺由美子（2009）「理系クンが書くマニュアルが読みづらい理由 『ワタシの夫は理系クン』鼎談・その1」『日経ビジネスONLINE』2009年12月18日（http://business.nikkeibp.co.jp/article/life/20091216/211647/，アクセス日2013年1月20日）

4.4 より広い文脈へ　　　　　　　　　　　　　　　［定延利之］

次の①～⑩の当否の検討を通して，「サービス」「身体行動と心」について考えてみよう。

① 商売人（含ビジネスマン）がお客に丁寧な態度をとるのは，お客を敬ってのことではない。人は「お客だから」という理由で人を敬ったりなどしない。丁寧な接客態度は，お客がもたらす利益（お客が支払うお金）の代価であり，それ以上の何ものでもない。

② 商売人はお客に心まで売りはしない。お客に対する態度は外面的には完璧に丁寧なものでなければならないが，心内では何をどう考えようが商売人の勝手であり，そもそも心の中はお客には知りようがない。この事実をお客もよくわきまえるべきで

ある。
③営業時間外ならお客に会っても丁寧な態度をとる必要はない。
④お客が破産しても，商売人が廃業しても，（元）お客と（元）商売人が道端で出会えば，そこはやはり，（元）商売人は（元）お客に丁寧な態度をとるべきものである。
⑤現実には，商売人はお客に対して必ずしも丁寧な態度をとらない。有名ラーメン屋のおやじが高飛車な態度でやっていけるのは，その店のラーメンを求める固定ファンが大勢いるからである。すべては需要と供給のバランスの問題である。
⑥ロックンローラーはお客に丁寧口調でしゃべるべきでない。どうしても丁寧口調の方が落ち着くなら演歌歌手やクラシック歌手などに転向すべきである。
⑦「お客」についての以上の考えは，「上司」についても基本的に当てはまる。
⑧「お客」についての以上の考えは，「先輩」についても基本的に当てはまる。
⑨「お客」についての以上の考えは，「先生」についても基本的に当てはまる。
⑩質問者に「はい」「ええ」「いえ」「いいえ」と答えるのは目下である。目上なら「ああ」「うん」「おう」「いや」「いいや」と答える。目上なのに，目下の質問に対して「はい」「ええ」「いえ」「いいえ」と答える人は，ことばの使い方を間違っている人か，慇懃無礼な人である。

補足資料

嘉門達夫・杉本つよし（作詞），嘉門達夫（作曲），工藤　隆（編曲）(1989)「ハンバーガーショップ」『バルセロナ』ビクターエンターテインメント
嘉門達夫・杉本つよし（作詞），嘉門達夫（作曲），工藤　隆（編曲）(1996)「ハンバーガーショップ〜 AlbumVersion 〜」『伝家の宝刀』ビクターエンターテインメント
話題の達人倶楽部（編）(2012)『できる大人のモノの言い方大全』青春出版社
話題の達人倶楽部（編）(2013)『できる大人のモノの言い方大全 LEVEL2』青春出版社
Edlund, Jens, and Mattias Heldner (2005) "Exploring prosody in interaction control", *Phonetica*, 62, pp. 215-226. [http://www.speech.kth.se/~heldner/papers/edlund_heldner.pdf]

第5課　機械に教える：対話システム
—対話処理・言語情報処理

5.1　私たちと音声　　　　　　　　　　　　　　　　　　［岡田美智男］

5.1.1　音声入力は便利？　それとも照れくさい？

　自然言語処理やテキストマイニングの技術など，日本語のテキストをコンピュータで解析したり，情報検索に利用することは古くから試みられています。最近では音声認識や音声合成技術の進展により，スマートフォンに向かって音声で語り掛けるような場面も増えてきました。実際に使用した人は，どのような印象を持たれたでしょう。

　キーボードによるテキスト入力に比べてとても便利なものだ，音声認識の精度も改善されている，スマートフォンからの「ご用件はなんでしょう？」の言葉にちょっと優越感を覚える，などの意見もあります。一方で，スマートフォンに話しかけるのはちょっと照れくさい，この頃はあまり使っていないという人も多いようです。これはどうしてなのでしょう。

5.1.2　カーナビの音声操作機能はなぜ使われないの？

　クルマの中でカーナビに向かって，「自宅に帰る！」と話しかけているのもなにか照れくさいものです。目の前の「壁」に向かって語り掛けることはないように，いつも発話には「宛て名」を伴い，語り掛ける相手を必要とするようです（＝発話における宛て名性）。いま語り掛けようとする相手は，クルマ本体なのか，ダッシュボードなのか，それともカーナビなのか。それが明確ではなく，受け手のない空間にただ言葉をつぶやいているようにも思えるのです。

　また語りかけの相手となるカーナビは，それがモノなのか，機械なのか，あるいは私たちとの間で志向を調整しあう「社会的存在（social entities）」なのか，その間の揺れも存在するようです。情報機器として捉えたとき（＝設計的な構え），その操作はボタンやコマンドで十分なはずです。それを音声コマンドで操作しようとすると，「行き先を探す！」「ルート操作！」「渋滞情報！」という，依頼なのか，宣言なのか，命令なのか，よくわからない発話になってしまいます。またカーナビを「目下の者」として接するような関係を作り出してしまうのです。

　カーナビを何らかの意思をもった存在として捉える場合はどうでしょうか（＝

志向的な構え）。そこで気になるのは，カーナビはいまどこに注意を向けているのか，何をしようとしているのか，ということです。共同行為では，いつも自分の状態を他者から参照可能なように表示しておくことが大切です。例えば，いま私が「話し手」であるのも，その相手が「聞き手」になってくれているからに他ならず，相手からの「いま，あなたの話を聞いてますよ」という「聞き手性（hearership）」の表示が重要なものになります。カーナビに話しかけにくい要因の一つに，こうした社会的な表示が十分ではないことがあげられます。

5.1.3 留守番電話に伝言を残すことに躊躇するのはなぜ？

　カーナビの音声操作機能に馴染みのない人でも，留守番電話からの「ただいま電話にでることができません。ピーッとなったら……」とのメッセージに戸惑ったことはあるのではないでしょうか。なぜ伝言を残すことに躊躇してしまうのでしょう。

　先ほど述べたように，「いま，あなたの話を聞いてますよ」という聞き手性の表示が十分でないことが考えられます。それと限られた時間の中で「消しゴム」のようなものも使えず，言い誤りや言い淀みなどが許されない雰囲気を感じるためではないでしょうか。

　あるいは「メッセージは？」と問われて，「あれっ，伝えたいことはいったい何だったの？」と考えてしまうこともあります。人との関わりでは伝えたいことがあらかじめ用意されているとは限らず，むしろ発話を進める中で整理されてくることも多いようです。

　次の発話例は，ある人が旅の思い出を語ってくれたときのものです。どのように発話が形作られるかを見てみましょう。

　　（1）「柱，黒い，黒い柱が，おっきい太い黒い柱が……ぬっと出ている」

　言い直したり，言い淀んだりしながら，その時の様子を懸命に伝えようとしているようです。もう少し丁寧に見てみると，具体的なイメージが想起される前に「柱」という言葉をとりあえず繰り出し，それを起点に「黒い」というイメージが引き出され，もう一度「黒い柱が」と整えられます。この「黒い柱が」という発話は，さらに「おっきい太い黒い柱」という具体的な想起を促し，次の「ぬっと出ている」という発話を引き出しています。

　偶然に生まれた言い淀みや言い直しというより，むしろはじめから言い直すことを前提に発話を繰り出しているようにも思えるのです。発話そのものを一種の

「思考の道具」としながら，その発話や想起内容を漸次的に精緻化しているのでしょう。

カーナビを音声で操作したり，留守番電話に伝言を残す際には，あらかじめ操作したいこと，伝えたいことがあるということを前提としており，その関わりの中で一緒に発話を組織していくものとなっていないのです。これも情報機器との関わりにおいて戸惑いを生む要因の一つになっています（サッチマン，1999）。

5.1.4 カーナビからの挨拶に応答責任を感じますか？

情報機器からの音声合成音についてはどうでしょう。かつて，街角に「アリガトウ ゴザイマシタ」と合成音を発する自動販売機が置かれていました。残念なことには，この「アリガトウ」の合成音に私たちは「お礼の気持ち」を感じることは少ないようです。同様にカーナビからの「コンニチハ」に対して，私たちが「こんにちは」と応えることはないように思います。これはどうしてなのでしょう。

「だって，それはモノや機械なのだから……」という，私たちの構え（stance）の問題かもしれません。自動販売機は，所詮は機械なのであって，そもそも「お礼の気持ち」など持たない（＝設計的な構え）。そうした気持ちを欠いているのだから伝わらないのも当然だ，そもそも伝えようとしていたのかも怪しいというわけです。

それと，その合成音はだれに向けられたものなのか，その「宛て名」を欠いているためとも考えられます。その合成音は，私たちの存在を予定したものでも，私たちの状態を特定したものでもありません。そこで一緒に発話の意味や役割を作り上げようという姿勢はまだ持っていないようなのです。

こうした課題がいくつか整理されてくると，次の展開も見えてきます。例えば，聞き手の状態を特定しつつ，ちょっとオドオドしながら情報を伝えようとするスマートフォンはどうでしょうか。

(2)「ねーねー，きいて。あのね，きょうね，えーと，とうきょうでのね，ねっ，オリンピックのね，かいさいがね，きまったんだって。しってた？」

相手の目線を気にしながらの発話は，ちょっと非流暢なものとなるかもしれません。しかし相手の状態に合わせることで，優しさや説得性を伴うような発話となります。発話に「宛て名」を伴うことから，そのスマートフォンに対して「志向的な構え」で接する人がもっと増えるかもしれません。

5.1.5 この節のまとめ

スマートフォンやカーナビ，留守番電話，自動販売機との音声操作や音声合成を介したインタラクションに伴って生じる，いくつかの違和感について考えてきました。これらのちょっとした違和感は，これからの情報機器とのインタフェースを改善するための手掛かりとなります。また，私たちの日常での何気ないコミュニケーションの成り立ちについて考えるための大切なヒントを与えてくれているといえるでしょう。

こんな問題を考えてみてはいかがでしょうか[1]？
(1) パワーポイントなどを使用したプレゼンや授業を聞く機会が増えてきました。このパワーポイントに頼りきった講義を聞いているとき，とても眠くなりやすいのはどうしてなのでしょうか。
(2) 最近では，電車の中で携帯電話での会話を耳にすることは少なくなりました。あの携帯電話での会話を耳にしたとき，とても煩く感じたのはなぜなのでしょう。

興味を持った人の参考になりそうな文献
岡田美智男（1995）『口ごもるコンピュータ』，情報処理学会編 情報フロンティアシリーズ（9），共立出版
岡田美智男（2012）『弱いロボット』，シリーズ ケアをひらく，医学書院
岡田美智男・松本光太郎（編著）(2014)『ロボットの悲しみ コミュニケーションをめぐる人とロボットの生態学』，新曜社
サッチマン，ルシー（佐伯 胖他訳）(1999)『プランと状況的行為――人間-機械コミュニケーションの可能性』，産業図書
デネット，ダニエル（土屋 俊訳）(1997)『心はどこにあるのか』，サイエンスマスターズ，草思社
バフチン，ミハイル（伊藤一郎訳）(1996)『小説の言葉』，平凡社ライブラリー（153），平凡社
Goodwin, C. (1981) "*Conversational Organization: Interaction between speakers and hearers*", Academic Press

---

[1] こちらも考えてみてください。桜が満開の公園の中でひとりのおばあちゃんがポツンと立っていました。その腕の中には，小さな人形の姿をしたロボット。おばあちゃんはこのロボットと一緒に花見をしていたのでしょう。「きれいだねぇ。ねぇ，きれい，きれい」とつぶやきながら。こうした光景を私たちが目にしたとき，とても痛々しく感じるのはなぜなのでしょう。

5.2 機械に歌わせる　　　　　　　　　　　　　　　　　　　［金田純平］

5.2.1 ボーカロイドが開いた道

ヤマハ工業が開発したボーカロイド（VOCALOID）は，歌声に特化した音声合成エンジンです。2007 年に発売された「初音ミク[2]」をきっかけに，ボーカロイドの歌声を使った音楽がプロ・アマチュアを問わず爆発的に広がっていきました。このほか，CeVIO[3] や UTAU[4] といった歌声生成ツールも登場しました。ここでは，歌声に特化した音声合成について見ていきます。

5.2.2 コンピュータでの歌声合成小史

コンピュータでの世界初の歌声合成は米国のベル研究所が 1961 年に発表した"Daisy Bell"です。その歌声は YouTube[5] でも聞くことができますが，聞くとわかるとおり典型的な機械音声です。1980 年代に入ると，音声合成は家庭用のPC でもできるようになりました。なかでも NEC が 1983 年に発売した PC-6601 では指定したメロディに合わせて歌声を合成します。これらの音声合成はヒトの声道（喉頭から唇までの空間）の共鳴をシミュレートして作るもので，基本周波数を調整して音程を作り歌声へと応用しています。

1990 年代以降，PC での音楽制作（DTM）が主流になると，音楽制作のハードウェアやソフトウェアに組み込まれる形で歌声に特化した音声合成が行われるようになります。いわばボーカロイドの先駆けです。フォルマント合成とよばれる手法が中心的で，以前のものよりも質が向上しました。しかし，ボーカルの代わりを務めるにはまだまだ遠く，21 世紀に登場するボーカロイドを待たなければなりませんでした。

5.2.3 話し声と歌声，楽器音の違い

これまで紹介した歌声合成の事例は，基本的に話し声の音声合成の応用から出発してきました。しかし，ヒトの歌声と話し声は同じではなく，そもそも，歌う時と話す時とでは肺や喉頭の動きが異なります。その結果，声の特徴にも違いが

---

[2] 発売元：クリプトン・フューチャー・メディア
[3] http://cevio.jp/ （2014 年 10 月 31 日アクセス）
[4] 「歌声合成ツール UTAU」http://utau2008.web.fc2.com/ （2014 年 11 月 19 日アクセス）
[5] "First computer to sing - Daisy Bell" https://www.youtube.com/watch?v=41U78QP8nBk （2014 年 11 月 12 日アクセス）

現れます。

　第一の違いは声域です．話し声に比べて歌声は全般的に高く，また変動幅も広くなります．第二の違いは定常性です．歌声では音節ごとに声の強さや高さが一定な定常部が現れ，音程に合わせて高さが階段状に変動しますが，話し声の場合は常に変動し安定していません．逆に音節の長さは，話し声では言語固有のリズムに則ってほぼ一定の長さで発音されますが，歌声では長さが様々になります．第三の違いは，声の出し方です．プロの歌手の歌声には「歌唱フォルマント」と呼ばれる特徴が現れるのですが，話し声にはそれが現れません．

　歌声と話し声にはこのような違いがあるため，話し声の音声合成をそのまま歌声合成に使えるというわけではありません．何らかの工夫が必要になります．

5.2.4　ヒトの声を使う

　2003年に発表されたボーカロイドは，波形接続型合成を用いた方式が採用され，従来の歌声合成よりもはるかに自然な歌声が生成できるようになりました．波形接続型合成とは，シミュレートして機械的に出すのではなく，実際に録音された音声から主に母音・子音からなる素片を取り出して連結する方式です．たとえば，「初音ミク」には声優の藤田咲さんの声が使われています．

　では，どのような音声をあらかじめ用意するのでしょうか．一つは，音程に沿った形で決められたセリフを「歌って」もらうことです．素材となるデータをあらかじめ歌声にしておくことで，合成される音も歌声に聞こえるようになります．もう一つは，複数の音程のデータを収録することです．といっても，歌唱可能な音域すべての音を採るとデータが大量になるうえ，半音より細かい微分音に対応できなくなります．そこで，2～3種類の高さで歌ってもらい，あとは周波数の変換により高さを調節します．音の長さについても音声処理による変換で対応しています．このほか，ビブラート（声の高さを上下に振動させる）などの歌唱テクニックについても，ヒトの歌声に基づいたモデルを適用して変換することで，表情のある歌声合成を可能にしています．

5.2.5　歌声合成の未来

　ボーカロイドが使われる理由として，開発者は「長時間不平も言わず正確な音程で歌ってくれ…（中略）…とことん自分の好む歌い方に作り込むことができ

る[6]」からと述べています。人間のボーカルの代わりではなく，俗にいう「調教」を通じて自分の表現したい歌声が作れる，ヒトの声をベースにした電子楽器と考えてよいでしょう。

　ボーカロイドやCeVIOはあらかじめ用意された歌声をベースにしていますが，UTAUは自分の声や既存の音声データを使った歌声合成ができます。これにより ALS（筋萎縮性側索硬化症）などで声を失った人が自分の声を使って話すだけでなく，歌うこともできるようになります。また，すでに亡くなっているアーティストのアルバムから歌声を抽出してボーカロイドとして再現するというプロジェクトも進められています。話し声の音声合成と同じように，歌声合成もまた失われた声を取り戻す技術でもあるわけです。

参考文献
剣持秀紀・藤本　健（2014）『ボーカロイド技術論　歌声合成の基礎とその仕組み』ヤマハミュージックメディア
スンドベリ，ヨハン（2007）『歌声の科学』東京電機大学出版局
田中雄二（2008）「初音ミクという福音」『ユリイカ』40巻15号（12月臨時増刊号　総特集初音ミク　ネットに舞い降りた天使），pp.18-23，青土社

5.3　「機械が教える」vs「人間が教える」　　　［森　篤嗣］

　機械に教える場合，欠けているのは『世界』や『場』（『場面・文脈・状況』）についての知識であって言語それ自体の規則ではないということは周知の通りです。ここでは考え方を逆転して，「機械に教える」ではなく「機械が教える」ということを「人間が教える」と対比して考えてみることによって，機械に欠けているものを具体的にイメージできるようにしてみましょう。

5.3.1　機械が教える

　「機械が教えるなんて，そんなSFみたいな」と思われる方もいらっしゃるかもしれませんが，現実にはこうした機会は多く存在します。その代表がゲーム機です。スマートフォンの学習向けアプリや，ゲーム機の学習ソフトなどはもちろんのこと，ごく一般的なゲームについても，いわば機械が教えているようなものです。なぜなら，どんなゲームでもプログラミングされたルールに基づいており，

---
[6]　剣持・藤本（2014）p.59

そのルールを逸脱することは不可能だからです[7]。人間がゲームの中の登場人物にいかに萌えたとしても，登場人物はプログラミングされた台詞を逸脱して勝手にしゃべり出すことはありません。

　もちろん，もとのプログラムを組むのは人間ですので，これを「機械が教える」と考えるのは違和感があるかもしれません。しかし，「人間が教えた機械に教えられる人間」という構図になっているのは間違いなく，その意味では，限定的ではありますが，ゲームも「機械が教える」の一環です。

　さて，ゲームを例に挙げると，機械が得意なこと，不得意なことを具体的にイメージすることが出来ます。得意なことは「正確さ」であり，不得意なことは「創造性」です。機械は入力した値に対して，正確な値を返すことに長けています。しかし，それだけではなく，「規則的に不規則にする」ことも得意です。どういうことかというと，「ある値を投入した場合，正確に50％の確率であらかじめ用意した二種の値のいずれかを返す」ということです。さらに言えば，主人公の状態（ステータスとかパラメータということが多いでしょう）に応じて，そのうちのある値を読み解いて，それに応じた反応を返すなどという応用技も可能です[8]。こうしたアルゴリズムを応用すれば，見かけ上は実に多様な反応を返せます。

　しかし，これらはあくまで「規則的な不規則さ」です。人間は「五分五分だな」といいつつ，どちらかを期待して支持する行動をとったり，好感度が高くとも別の要因（トイレに行きたいとか）によって，つれない態度をしたりすることもあります。また，言語に限ってみれば，どの台詞を返すかは，緻密な場合分けが出来ても，用意していない台詞を創造することは不可能です。「機械が教える」というのは，人工知能研究の今度の発展にもよりますが，現時点では「規則的な不規則さ」に限定されていると言えます。

5.3.2　人間が教える

　それでは人間が教える場合はどうでしょうか。人間が教える場合，機械とは逆に「主観」というものがあり，予想がつかないような反応になることがあります。

---

[7]　そういえば初代ファミコンの時代，ソフト（当時は「カセット」と呼ばれる基盤をプラスチックで包んだものでした）を，無理矢理斜めにさしてバグを引き起こすという荒技がありました。物理的な力でプログラミングを超えることができた牧歌的な時代（？）だったのかもしれません。
[8]　恋愛ゲームで「好感度」というパラメータに応じて，この値が30未満であればつれなく，30以上であれば好感触にといった感じです。

それがいい方向に働くこともありますが,「勝手気まま」に悪い方向に働く場合もあります。

このように考えると,「機械が教える」ことと「人間が教える」ことは分業するという方法もあることがわかります。正確さを問うような知識に関する側面は機械が教え,創造性を問うような思考に関する側面は人間が教えるといった考え方です。人間は正確さの側面で争っては,機械には勝てません。教育において,人間が機械に勝つためには,機械には出来ない思考が出来るできるだけ頭の柔らかい人間であることが望ましいということになります。

一方で,創造性は知識の上にしか成り立たないという考え方もあります。「Googleですぐに検索できる知識は覚えておく必要がない」ということも言われますが,創造的な思考をするときに,知識を引き出すためにGoogle検索をし続けなければならないというのも滑稽な話です。ネットに依存することによって,矢継ぎ早に情報を処理する能力は発達しても,注意力が散漫になって長文読解力や長期記憶力が落ちるという指摘もあります[9]。

機械に欠けているものは,いまのところは明白ですが,それは「いまのところ」であり,未来に渡って確定しているものではありません。こんなことは機械には出来ないだろうと,現状にあぐらをかいていると,足下をすくわれるかもしれません。だからこそ,「人間が教える」ことの意味を今こそしっかりと考えていく必要があります。

参考文献
ニコラス・G・カー（篠儀直子訳）(2010)『ネット・バカ　インターネットがわたしたちの脳にしていること』青土社

5.4　しゃべり方の日本語学　　　　　　　　　　　［定延利之］

コンピュータやカーナビや家電がしゃべることは珍しいことではなくなっていますが,そのしゃべり方はさほど人間らしくありません。「機械は,それでいい」という感じ方もあるようです。

こういう私も,昔は「機械があまり人間らしくしゃべっても,違和感を持たれるだけだろう。機械は機械っぽく,たどたどしくしゃべっていればいいのではないか」と感じていました。が,いまは,言語を研究する者として,想像力が足りなかったと思っています。

---

[9] ニコラス・G・カー（2010）を参照のこと。

世の中には，ALSなどの病気や事故のせいで，声を失ってしまった人が沢山います。そういう人が，自分の代わりに機械をしゃべらせることができれば，どれほど助かるでしょうか。その機械は，いまその場でその機械を操作している，声を出せない人の代わりにしゃべるのですから，いくら人間らしい声を出しても，おかしくなどないでしょう。私はコンピュータ，カーナビ，家電，そして自動販売機などがしゃべる場面だけを想像して，機械全般について「あまり人間らしくしゃべっても仕方ない」と勝手に結論づけてしまっていたのです。声を失ってしまった人の代わりにしゃべる機械という，目立たないけれども切実な社会的ニーズがある機械のことは，夢想さえしていませんでした。

実は，いわゆるロボットのような機械的な声ではなく，人間そのものの声でしゃべるシステムはもう完成しています（Campbell 1999, 飯田・伊賀・樋口・キャンベル・安村 2000）。このシステムは，あらかじめ作っておいた，その人の声のデータベースから，いましゃべろうとすることばに応じて，最適な音声を選び，つなげてくれます。知り合いが聞けば「あっ，○○さんがしゃべっている！」と思うほど，個人の特性を活かした声でしゃべります。

ただし，このシステムが人間そっくりにしゃべるには，あと一つ，クリアしなければならないことが残っています。それは，「きもちに応じたしゃべり方」（expressive speech）です。たとえば，もの悲しい小説を朗読した黒柳徹子さんの声のデータベースを使うと，全体にうち沈んだ暗い声なので，何をしゃべっても，紛れもなく黒柳徹子さんに聞こえるのですが，悲しくなってしまいます。これではいけないと，さまざまなきもちで発せられた声のデータベースを使うと，今度はさまざまなきもちが目茶苦茶に入ってきて，全体としてどういうきもちなのかわからなくなってしまいます。

なぜこういうことが起きるのかというと，データベース内で声の注釈（「アノテーション」と言います）が十分にできていないからです。それぞれの声に，「この声は悲しいア」「この声は悩んでいる時のソ」「この声は相手をからかう時のシ」のような注釈が付いていれば，システムはその注釈を頼りに，きもちをそろえて声を出すことができます。単純化して言えば，たとえば相手をからかって「知らないよー」としゃべる場合は，データベースから「からかう時のシ」「からかう時のラ」「からかう時のナ」「からかう時のイ」「からかう時のヨー」を選んでつなげればいいのです。

では，なぜ声の注釈ができていないのでしょうか？　それは，しゃべり方というものが，まだほとんどわかっていないからです。たとえば日本語の声に現れる「きもち」は何種類あるのでしょうか[10]？　イントネーションは何種類あるのでしょうか？　きもちとイントネーションはどのように結びついているのでしょうか？——これらの問題はいずれも解明されていないので，声に注釈の付けようがないのです。

---

[10] 心理学を勉強した人なら，エクマンの基本6情動（喜び・驚き・怒り・恐れ・嫌悪・悲しみ，Ekman 1972）を持ち出すかもしれませんが，この6つでは，たとえば「まことに申し訳ございません，スィー」とりきんだり，空気をすすったりして行う「恐縮」がカバーできていません。しゃべり方に現れるきもちは普遍的なものではなく，言語文化固有のものと考えておく方がよさそうです。

これらの問題は，工学技術の問題ではなく，ことばの問題です。それで，私が共同研究のお話をいただいたのが2000年です。それ以来，「しゃべり方」についてさまざまなことを調べて，驚くようなことがわかってきましたが（例：定延 2005），まだまだ日本語のしゃべり方の全貌を明らかにするには至りません。

　もちろん，日本語のしゃべり方の全貌が明らかになったとしても，それで直ちに，声を失ってしまった人の代わりに人間らしくしゃべるシステムが開発され，普及するというわけではありません。そうした開発や普及がビジネスとして成り立たなければ，企業はなかなか動いてくれないでしょう。しかし，それは「システムを作ろうと思えば作れるのだ」というところまで，ことばの研究者が持っていってはじめて問題になり得ることです。少なくとも現段階では，人間のようにしゃべるシステムが実現不可能なのは「ひとえに，日本語のしゃべり方の研究が進んでいないため」にほかなりません。

　しゃべり方について，これまでにわかってきたことのうち，かなりの部分は，音声だけでなく，文法にも（例：定延 2008），キャラクタにも（例：定延 2011），そして私たちのコミュニケーションにも直結しています（例：定延 近刊）。このように，しゃべり方の考察は，日本語学を進めようとする上でも，きわめて有益なものです。しゃべり方について考え，日本語学を，切実な社会的ニーズに応えられる学問に育ててください。

参 考 文 献

飯田朱美・伊賀聡一郎・樋口文人・ニック＝キャンベル・安村通晃（2000）「対話支援のための感情音声合成システムの試作と評価」，『ヒューマンインタフェース学会論文誌』，2-2, pp. 169-176

定延利之（2005）『ささやく恋人，りきむレポーター：口の中の文化』岩波書店

定延利之（2008）『煩悩の文法：体験を語りたがる人びとの欲望が日本語の文法システムをゆさぶる話』筑摩書房

定延利之（2011）『日本語社会 のぞきキャラくり：顔つき・カラダつき・ことばつき』三省堂

定延利之（近刊）『コミュニケーションへの言語的接近』ひつじ書房

Campbell, Nick (1999) "Data-driven speech synthesis", 137th Meeting of The ASA and 2nd Convention of The EAA: Forum Acusticum, Berlin

Ekman, Paul (1972) "Universals and Cultural Differences in Facial Expressions of Emotion". In J. Cole (ed.), *Nebraska Symposium on Motivation*, Vol. 19, pp. 207-282, Lincoln: University of Nebraska Press

第 6 課 母語話者に教える ― 国語教育

　この課では，日本語を研究する「日本語学」の研究者の立場から，「国語教育」[1]と日本語学との関係やさまざまな問題点について概説し，よりよい国語教育の方向性を探ります。

　教職を目指す人だけでなく，より多くの人に，一人の日本語の使い手として，「大人になるまでにどのような日本語の力を付ければよいのか」「そのために大学での勉強をどのように活かしていけばよいのか」ということを考えてほしいと思います。

6.1 国語教育とは　　　　　　　　　　　　　　　　　　　　［茂木俊伸］

　初めに，国語教育の対象と目標，つまり誰に，何のために教えられているものなのかを確認しましょう。

　まず，国語教育は，「日本語を母語とする人」を対象とすることを前提としています[2]。すなわち，扱う言語は同じであっても，「日本語教育」（第7課を参照）が日本語を母語としない人に（外国語としての）日本語を教える分野であるのに対して，国語教育は，幼少期に自然獲得した日本語をある程度使いこなせる能力を持った母語話者に対して，その力を伸ばすために教育を行う分野である，と言えます。

　では，国語教育は，母語話者の能力をどのように伸ばすものなのでしょうか。一例として，中学校の「学習指導要領」（平成20年公示）に示されている国語科の目標を見てみます（小学校と高校の国語科の目標も，これと大きく異なるものではありません）。

　　国語を適切に表現し正確に理解する能力を育成し，伝え合う力を高めるとともに，
　　思考力や想像力を養い言語感覚を豊かにし，国語に対する認識を深め国語を尊重

---

[1] 厳密に言えば，小中高の「国語」科の時間で行われている「国語科教育」と，それ以外の，例えば他教科の授業や日常生活といったさまざまな機会に（も）行われる「国語教育」は分けられるのですが，ここでは「国語教育」で統一します。

[2] 近年では，日本語を母語としない児童生徒の増加に伴い，どのような日本語学習支援を行うかが議論になっていますが，ここでは触れません（第7課を参照）。

する態度を育てる。

　この内容のうち，皆さんにとって最も理解しやすいのは，「表現し」「理解する」能力あるいは「伝え合う」力といった，日本語を「使う」ための言語技術的側面だと思います（学習指導要領では「話す・聞く」「書く」「読む」の3領域が立てられています）。

　実際に国語教育の現場で重点が置かれ，さまざまな指導上の工夫がなされているのも，これらの側面です。例えば，自分の意図を正確に相手に伝えたり，相手の意図を読み取ったりするような能力が社会生活の中で必要とされるということには，異論はないでしょう。国語教育では，まず特定の場面や教材に即した学習を行い，練習を積み重ねていきますが，最終的には多様な相手や場面に合わせて日本語で目的を達成できるような，よりよく生きるための力の育成が目指されていると捉えることができます。

　先ほどの目標では，さらに，「思考力」「想像力」といった（言語を使って行う行為に関わる）より抽象度・汎用性の高い能力，また，「言語感覚」や「国語に対する認識」，「国語を尊重する態度」といった技術や能力とは言いにくい内容も示されていました。

　例えば，「話す」「書く」といった言語技術を支えているのは，「メタ言語能力」と呼ばれる一種のモニター能力です。これは，普段は自覚することなく使っている日本語を意識的に捉えたり，相手や場面に合わせて話し方・書き方を調節する，書いたものをより適切な形に推敲する，といったふうに日本語を操作的に運用したりする能力です（難波 2008, 大津 2012, 矢澤 2013 など）。このような操作には，直観的にそのポイントを捉える「言語感覚」が必要ですし，どこをどのように直せばいいかという論理的な「思考力」も必要になります。これらは身に付いたかどうかの評価が難しい力ですが，言語技術をとりまく領域として国語教育で扱うべき内容になっているわけです。

6.2　国語教育と日本語学　　　　　　　　　　　　　　［茂木俊伸］

　国語教育に関わる学問分野としては，まず，「何のために」「何を」「どのように」教えるかといった，国語教育の目標や教材，指導法，評価法などを扱う「国語科教育学」があります。さらに，「何を」の部分に関係して，教材として扱われる日本語や文学作品そのものを研究する分野として，「日本語学（国語学）」「日本

文学（国文学）」「漢文学」などが挙げられます（国語の教員免許を取得する際には，これらの分野の勉強も必要です）。

　先ほどの目標の中で日本語学が最も強く関係するのは，「国語に対する認識」の部分です。内容としては，「国語の特質に関する事項」[3]（あるいは「言語事項」）として示されているのですが，学習者の母語である日本語がどのような姿をしているのか，その音声・文字・表記・語彙・文法・文章といった各側面について学習することになっています。皆さんが知っている（と思われる）「形声（文字）」「類義語」「述語」「段落」といった専門用語は，国語教育を通してもたらされたものです。

　日本語学は，まさに「日本語がどのような姿をしているのか」を明らかにしようとする学問です。その成果の蓄積は膨大なものですが，一定の共通理解（定説）となっている内容や，教育という目的に照らし合わせて選ばれた内容が，国語教育で「国語の特質」として扱われています。小学校段階ではあまり難しい用語を使わず，限られた範囲の知識が扱われていますが，中学校段階になると，まとまった知識（体系的知識）としての性質が強くなります。専門用語も増えますが，これは，子どもたちが日本語の特質を理解したり整理したりするための道具として導入されているわけです。

　ところで，国語教育を受けてきた大学生にとっては，文法を典型とする「国語の特質」の学習＝「暗記するもの」というイメージが強いようです。「覚えろと言われたから覚えたけど，覚えなくても日本語は話せるし，何の役に立つか分からなかった」というのが素直な感想ではないでしょうか（安部 2001，松木 2004）。これらの事項が，教科書の中で独立したコラムや巻末の資料として配置されがちであることも，読んだり書いたりする学習と関係ないように見えてしまう理由かもしれません。

　実際，「国語の特質」に関する知識は，学習動機が持ちにくいものの一つです。漢字を例にすると，漢字そのものの学習については，読み書きできないと日常生活の中で困る，という意識があるはずですが，漢字の由来やどのように分類できるかなどの知識は，直接的に「何かができるようになった」という実感をもたらすものではありません。（どのような力になったのかが見えないのであれば，結局，

---

[3] 学習指導要領では「伝統的な言語文化と国語の特質に関する事項」という形で掲げられています。日本語学と「伝統的な言語文化」との関わりでは，文語（古典日本語）に関する内容が扱われますが，ここでは省略します（辛島 2012 などを参照）。また，「書写」に関する事項にも触れません。

覚えたかどうかのみが問題になる暗記学習になってしまうでしょう。)

　実は，中学校の学習指導要領には，文法をはじめとする「言葉の特徴やきまりに関する事項については，日常の言語活動を振り返り，言葉の特徴やきまりについて気付かせ，言語生活の向上に役立てることを重視すること」という注意が示されています。したがって，先ほど見た「読み書き」のような生活の中ではたらく言語技術に「国語の特質」の学習がどのように寄与するのか，という点が重要なのですが，残念ながら，国語科教育学でも日本語学でも，まだ十分な議論がなされていません。

6.3　研究の論理，教育の論理　　　　　　　　　　［茂木俊伸］

　ここで，問題を整理するために，「日本語」に関する知識の扱い方を目的別に考えてみましょう。次の表では，「研究」「教養」「教育」という3つの目的を立ててみました。

	研究	教養 (テレビ，一般書など)	教育
重視する点	・厳密さ ・網羅性	・単純さ ・面白さ	学習上の重要性
伝える相手	研究者	一般人	学習者

　まず「研究」は，未知の領域を探究して広く深く知ることを求める行為です。扱う現象も多様で，分析手順や結論には厳密さが求められます。研究の成果は論文として公表されますが，その主な読み手は書き手と同じ研究者です。皆さんが大学で初めて触れ，4年間のまとめとして経験するのも，この「研究」の世界です。

　一方，一般の人に興味を持ってもらえるように知識を伝える媒体もあります。ここで「教養」としたのは，皆さんも見たことがあるであろう，日本語に関するテレビ番組やハウツー本，新書などです。これらは，面白く，分かりやすく情報を伝えるために，研究の世界の専門的な内容を取捨選択し，やさしくかみくだくといった過程を経てできあがっています。例えば，テレビなどで「残念ながら，この言い方は間違いです」と紹介されている内容は，作り手の意図によって単純化された話の可能性もあるわけです（定延 2012）。

　「教育」の場面でも，学習者のレベルに合わせて内容を選び，かみくだいて説

明するということが行われます。ただし，内容を選ぶ際の優先条件は，「学習者に必要であると考えられること」であるはずです。国語教育で言えば，先に示した目標を達成するのに必要な「国語の特質」の知識が求められる，と言い換えることができます。

日本語学は「研究」の一分野ですから，日本語について知ることが仕事の日本語研究者は，日本語の姿や性質をみんなにも理解してもらいたいし，それは必要なことだと考えています。なぜなら，日本語の特質に対する理解という支えがあればこそ，日本語を使うという技術的な側面を論じることができるからです。

しかし，現在の「国語の特質」の学習が目的を見失い，単なる「暗記」になってしまっているとしたら，そしてその状況が長い間改善されていないのだとしたら，問題は，教え方だけでなく内容にもあるのだと考えられます。豊かで謎に満ちた「研究」の世界は魅力的ですが，それがそのまま学ぶべき内容になるとは限りません。「子どもたちみんなが」知っておくべきことがらは何なのか，という大きな問いが，ここにはあります。「できればこんなことも知ってほしい」という願望には限りがない一方で，「教育」の現場で現実に教えることができる内容には限りがあります。悩ましいところですが，「教育」という観点から見ると，「研究」の論理とは違う尺度でものごとを決める必要があるわけです[4]。

このような「研究」と「教育」のギャップは，教員を目指す大学生にも負担を与えています。大学の授業ではかなり詳しく「日本語はこういう姿をしているのだ」という話を聞くことができます。国語の授業を作るための背景知識として，日本語学の知見が必要だからです。しかし，大学で学んだ知識と「国語の特質」で扱われる内容とには質量ともに大きな差があるため，どの部分をどのように工夫して子どもたちに教えるのかは，ほぼ完全に自分で考えなければならない状況になっています。

まとめると，私たちが「教育」の論理でしっかりと考えるべきポイントは，次の2点だと言えます。

①何のために「国語の特質」を子どもに教えるのか。
②どの程度の「国語の特質」を子どもに教えるのか。

---

[4] 国語教育で教えられている「学校文法」に対して，日本語研究者から「学校文法では日本語の姿が正確に捉えられない」という批判がしばしばなされてきました。これは「研究」の論理としては真っ当な主張ですが，「教育」という目的が考慮されていないことも少なくありません。内容がより詳しく，より高度になればなるほど，それを扱う教師と学習者の負担も大きくなるため，教育内容としては，正確さとコストのバランスを考える必要があるはずです（矢澤 2013）。

6.4 子どもに必要な「国語の特質」の学習とは　　［茂木俊伸］

　この①②の問いに対する答えは，子どもの教育そのものに対する考え方とも関わるため，一つではありません。（「子どもの将来の可能性のため」に「できるだけたくさん」教えておくという考え方もありえますが，現状の改善にはつながらないと思われます。）

　日本語学の立場から，現在，①の学習の意義づけとして提示されている方向性は，二つあります。

　一つは，「話す」「書く」などの具体的な言語技術に結び付けられる「国語の特質」の学習にしていくことを目指す方向です。ここでは「実用派」と呼んでおきます[5]。

　例えば，話したり書いたりする日本語の質を高めるために，あるいは読み方のコツをつかんだり読みの幅を広げたりするために，適切なタイミングで必要な文法概念を教える，といった指導が挙げられます。小学校段階で行われているように，単純に文を並べたような作文を書いている子どもに対して，より完成度の高い文章を作る手立てとして「つなぎことば（接続詞）」の使い方を教える，といったケースです。実際の言語技術に生きてはたらく知識を目指すのが，「実用派」だと言えます。

　また，中学校の口語（現代日本語）の文法学習を，高校段階で行われる外国語や古典日本語の文法学習の予備段階と位置付けようとする考え方も「実用派」に近いと言えます。例えば，現代日本語の「自動詞」「他動詞」の概念をしっかり理解しておけば，外国語や古典日本語の文の構造を捉える際のヒントになりえます。

　「実用派」の方向の場合，「どんな知識があれば，どんな力をつける役に立つのか」という道筋を明確にする必要があります。もちろん，小学生と高校生に必要な力は異なるので，発達段階ごとに，「必要な力」や「つく力」がきちんと想定されていなければなりません。しかも，場当たり的に学習するのではなく，一定のゴールに向けて，系統的な学習内容が設計されている必要があります。

　もう一つの方向性は，先に触れた「メタ言語能力」「思考力」のような，より高次の「考える」「分析する」能力の育成のために，現代日本語を観察材料とし

---

[5]　便宜的に「～派」としましたが，派閥同士が対立しているわけではありませんし，ゴールがまったく異なるわけでもありません。多くの研究者が，ここで紹介する二つの方向性を含めた複数の可能性を認め，検討しています（森山 2003，矢澤 2004，橋本 2008，大津 2012 など）。

て活用した指導を行うことを目指すものです。「国語の特質」に関する知識は，学習者自身が観察の結果から導き出すものであったり，理科で言えば顕微鏡や観察ノートのような道具として使うものであったりします。こちらは「思考派」と呼んでおきましょう。

　例えば，文法の「活用表」は，「カロカックイイケレ！」と呪文のように唱えながら暗記するものではなく，自分でさまざまな語を活用させながら整理していくものとして位置付けられます。「-す」で終わる動詞はどれも同じ活用パターンにまとめられる，という事実は，教えられると「ふーん」で終わりますが，実際に動詞を（例外がないかムキになって）探しながら「発見」すると，なかなかインパクトがあります。

　「思考派」は，日本語を「普段は意識できていない，何らかの規則性が潜んでいるもの」と捉え，教室で観察や実験を繰り返して，その規則性を自分たちで発見するプロセスを重視します。大人が分析してみても夢中になるような言語現象を使って，子どもたちの日本語に対する意欲や関心をかきたてながら，手引きに従ってデータを集め，分析の手順を考え，結果をまとめ，規則性を導き出す，といった，自然科学の実験と同様のプロセスを国語科でも経験しようとするものです。論理的な「考え方」や「楽しみ方」の勉強と言ってもいいでしょう。（同様の方向性は，大学における日本語学の授業でも目指されているところですが，それを子どもの頃からやっておく，ということです。）

　この方向の場合，つけようとする力は，「論理的思考力」や「メタ言語能力」，「問題解決能力」といった抽象的なレベルのものになるため，「どんな力がついたのか」が1時間の学習では見えにくいという弱点があります。言語技術の発達の土台になるような，「意識せずに使えている日本語を意識化する」ための回路を作り上げることが主目的だからです。また，目標が抽象的な力である以上，系統的な学習を考えることも難しいと言えます。

　先の②の学習内容に関しては，「実用派」「思考派」どちらの方向でも，扱われる項目は絞り込まれ，現在の学校文法のような体系的な知識を扱うことは求められなくなると考えられます。つまり，目的を定めることで，それに合わせて内容をスリム化していくということです（千々岩2013）。

　「実用派」の場合は，言語技術の発達の道筋が先にあり，その発達に効果的にはたらく内容が（系統的に）再編されることになります。「思考派」の場合は，言語の規則性にはかなり例外が多いため，子どもたちがうまく規則性を導き出せるような題材が元々かなり限られるという制限があります（大津2012）。

いずれの方向でも問題点や理念の共有が始まっており，教科書も少しずつ変わってきてはいますが，現実的な問題の解決にはまだまだ時間がかかりそうです。だとすると，私たちができることは，今教えられている教材や日本語に関するトピックの中からこれらの方向に活かせそうな内容を探し，一つ一つに意味づけをしていく，という活動です。教育と研究の現場からそれらを持ち寄って共有し，検討するという蓄積[6]があって初めて，問題解決への道筋が見えてくると言えるでしょう（矢澤 2013）。

6.5　大人から「始める」国語教育　　　　　　［茂木俊伸］

　皆さんは，これまでの大学での勉強の中で，「君たちは高校でこのように習ってきたかもしれないが，それは正確ではない」とか「学問に正しい答えなどないのだ！」とか言われたことはないでしょうか。実際，研究者は絶対的に「正しい」答えはない（ただし，「その時点で一番説得力のある」答えはある）と思っているのです。
　日本語研究においても，研究者は「正しい日本語」を求めません。日本語の中にも，地域差や世代差といった多様性があることを認めたうえで，それらのそれぞれがどのような姿をしているのかを明らかにしようとする態度をとります。
　一方で，国語教育のような教育の世界では，学ぶべき内容として，さしあたっての「正解」が求められます。授業でいきなり「答えはないので自分で考えましょう」と言っても混乱するだけなので，学習者にとって一番参考になるような，規範としての「正解」を示すわけです。
　しかし，残念ながら，本来は「混乱しないように，一つの指針として示す」ための「正解」が，絶対的に「正しい」答えとして流通してしまうことがあります。例えば，「漢字の書き順はこれが正しい」「国語辞典に載っていない使い方は正しくない」「擬音語はカタカナで書かなければならない」といった主張です。日本語は本来的に多様な姿をしているものなのに，「これが正しい」という暗記タイプの学習をしてしまうと，自分が覚えた答えから外れる日本語に出会ったとき，寛容な態度をとれなくなりやすいのかもしれません。
　こう考えてくると，まずは私たち大人に求められている能力こそ，「実用派」と「思考派」の学習が合流した先にある，日本語の姿をあるがままに見つめ，問

---

[6]　例えば，日本語学・言語学からの発信としては，森山（2007），大津・窪薗（2008）などがあります。

題点を整理することのできる「メタ言語能力」なのだと言えます。目的や状況に合わせて，自分で「今，ここで最適な日本語」を探せる力，と言い換えてもいいでしょう[7]。最終的にそのような力を持った大人を育てることが，生涯を通した「国語教育」の目標であると言えます。

　私たち日本語研究者は，まずは大学で，日本語の面白さを知っている大人を増やす作戦を実行中です。特に教師の卵たちには，大いに面白がってもらわなければなりません（茂木2013）。次は，それを子どもに伝えるために，現実にできることを持ち寄り，何をするべきかを考える必要があります。そのためには，みなさんの世代の協力が必要です。国語教育の未来，一緒に考えてみませんか？

参考文献

安部朋世（2001）「授業「文法を考える」―「あいまいな文」と「文の不自然さ」の検討を中心に」『日本語と日本文学』33，pp.39-52，筑波大学国語国文学会

大津由紀雄（2012）「子どもと言語学」『日本語学』31 (13)，pp.56-65，明治書院

大津由紀雄・窪薗晴夫（2008）『ことばの力を育む』慶應義塾大学出版会

辛島美絵（2012）「日本語研究と国語科教育の連携―日本語史研究の立場から」『文学・語学』203，pp.122-131，全国大学国語国文学会

定延利之（2012）「第14課 ことばの専門家が言うこと」『私たちの日本語』（定延利之（編著）），pp.140-146，朝倉書店

千々岩弘一（2013）「「国語の特質」の指導を改善する基盤づくり―「中間支援組織」による「教育的内容」の創出」『月刊国語教育研究』492，pp.36-37，日本国語教育学会

難波博孝（2008）「国語教育とメタ認知」『現代のエスプリ』497，pp.192-201，至文堂

橋本　修（2008）「博物学としての言語事項教育」『筑波日本語研究』13，pp.1-12，筑波大学人文社会科学研究科日本語学研究室

松木正恵（2004）「大学における文法教育の意義と課題」『早稲田大学国語教育研究』24，pp.31-45，早稲田大学国語教育学会

茂木俊伸（2013）「「正しい文法」に頼らないことばの使い手を育てるために」『日本語学』32 (6)，pp.36-47，明治書院

森　篤嗣（2013）『授業を変えるコトバとワザ―小学校教師のコミュニケーション実践』くろしお出版

森山卓郎（2003）「国語教育における「文法的思考」」『日本の文法教育Ⅰ』（平成14～16年度科学研究費基盤研究(C)(1)「日本語教科教育文法の改善に関する基礎的研究」中間報告書），pp.47-57，筑波大学

森山卓郎（2007）『「言葉」から考える読解力―理論＆かんたんワーク』明治図書出版

矢澤真人（2004）「母語の獲得を支援することばの教育―小・中学校の文法教育の意味づけ」『月刊国語教育研究』391，pp.10-11，日本国語教育学会

矢澤真人（2013）「国語教育と日本語研究の新しいかかわり方を求めて」『月刊国語教育研究』490，pp.10-15，日本国語教育学会

---

[7]「やさしい日本語」の話（第2課）も，このような能力に関わる問題です。また，職業人として教師が自分の言語使用を振り返るヒントを示した森（2013）なども出てきています。

第 7 課　非母語話者に教える —日本語教育

7.1　外国人と会話する　　　　　　　　　　［森　篤嗣］

7.1.1　ニーズ調査の必要性

　街で西洋人っぽい外見の外国人の方が困っていたとします。みなさんはどのように話しかけるでしょうか。よくあるのは，「Can I help you?」のように英語で話しかけるというものです[1]。しかし，よく考えてみてください。西洋人っぽい外見であるからといって，英語母語話者であるとは限りません。ひょっとすると，フランス人かもしれませんし，もっといえば日本生まれの日本語母語話者かもしれません。

　逆を考えてみましょう。みなさんは海外旅行に行ったことがありますか？　海外で現地の人から，外見を基準にいきなり例えば中国語や韓国語で話しかけられても困るのではないでしょうか。もしくは，海外でいきなり流暢な日本語で「何かお困りですか？」と声をかけられたら，何かの詐欺かと疑いはしないでしょうか。みなさんは海外旅行の際には，身につくかどうかはともかく，その国の言葉について学ぼうとすると思います。そう考えると，中国語や韓国語で話しかけられるよりも，とりあえずはその国の言葉で話してもらった方がよいのではないでしょうか[2]。

　いろいろな意見はありますが，日本国内で外国人と話す場合は「とりあえず日本語で」というのがお勧めです[3]。そして，もし，外国人の方が英語が堪能で，あなたも英語が堪能であることが確認できれば，英語で話せばいいと思いますし，日本語も英語も他の言語でも意思疎通が難しければ，ジェスチャーで切り抜けましょう。もし，冒頭の「困っていること」が「道がわからない」であれば，（あなたに時間があればですが）ジェスチャーを交えながら一緒に道案内をすれば，

---

[1]　しかも，英語で話しかけたものの，すごい勢いで返事をされて，「その後が続かない」ということになりかねません。

[2]　「英語は世界共通言語なので，日本だろうが海外だろうが，英語さえできればよい」という考え方もありますが，本当に世界中の人が英語ができるというわけでもないということ，英語という言語だけが強くなりすぎることはよくないと考える人がいるということ（英語帝国主義論）も知っておく必要があります。

[3]　詳しくは，荒川（2010）を参照のこと。

言葉がわからなくても十分に目的は達成できます。日本語教育では「道案内」のような目的を持った一連の行動を「タスク」と呼びます。言葉が伝わるというのは，「小難しい単語をたくさん知っている」という言語知識の問題ではなく，「タスクが達成できる」ということに尽きるのです。

次に「日本語を教える」ということを考えてみましょう。日本語教育では，日本語を学ぶ外国人のことを「日本語学習者」と呼ぶことが多いですが，「全ての外国人（日本語非母語話者）＝日本語学習者」ではないことに注意が必要です。日本語を学ぶ意志を明確に打ち出しているからこそ日本語学習者なのであり，日本語を学ぶ意志がない外国人の方もいるのです。外国人の方の中には，日本語を学ぶ必要がない方もたくさんいることを念頭に置き，もし「日本語を教えて欲しい」と言われた場合，どのような日本語が必要なのかを最初に確認することが大切です。日本語教育では，「どのような日本語が必要か」という調査のことを「ニーズ調査」と呼びます。本節では，外国人の方のそれぞれの立場から，ニーズに応じた日本語の教え方について考えていきます。

7.1.2　外国人入国者と在留外国人

まず，基礎的なデータを確認しておきましょう。法務省入国管理局の統計によると，平成 25 年における外国人入国者数は約 1,125 万人で，前年比約 208 万人増加し，過去最高と言うことです。円安になったことによる訪日旅行の割安感や，ASEAN 諸国の査証発給要件の緩和が増加の要因であると推測されます。国籍・地域別に見ると，韓国が約 17 万人，台湾が約 15 万人と飛び抜けて多く，そのあとに中国，香港，アメリカ，タイ，シンガポール，マレーシア，オーストラリア，イギリスと続きます。こうして見てみると，圧倒的にアジア諸国が多く，西洋諸国は少ないことがわかります。

次に同じく法務省入国管理局による統計で，平成 24 年末における在留外国人数です[4]。在留管理制度の対象となる中長期滞在者の数は約 165 万人でした。国籍・地域別に見ると，中国が約 65 万人と全体の約 32% を占め，以下，韓国・朝鮮，フィリピン，ブラジル，ベトナム，ペルー，アメリカ，タイ，インドネシア，ネパール，台湾と続いています[5]。在留資格別に見ると，永住者が約 63 万人ともっ

---

[4]　これまでは外国人登録法に基づき，「外国人登録者数」という統計が採られてきましたが，平成 24 年 7 月に出入国管理および難民認定法等が改正されて，新しい在留管理制度が導入されたことに伴い，「在留外国人数」という名称に変わりました。

[5]　台湾は平成 23 年末までの外国人登録者数では，中国に含まれていましたが，在留外国人数

とも多く，次いで留学が約18万人，以下，定住者，日本人の配偶者等，技能実習，家族滞在と続きます[6]。意外と留学生が少なく，それ以外の日本で生活をする人々が多いことがわかります。

7.1.3 目的別の日本語のニーズ

ここからは先ほど挙げた外国人入国者および在留外国人について，どのようなニーズがあり，そのニーズに合わせて，どのように日本語を教える可能性があるかについて考えていきたいと思います。

a. 旅行者

日本には毎年1,000万人を超える外国人が入国します。その多くは旅行者でしょう。「おもてなし」の心で迎えたいところですが，その場合，私たちに何ができるでしょうか。荒川（2010：7）では，日本で外国人と話すときに私たちができることとして，以下の二つを挙げています。

(1) 日本で外国人を助けるときは日本語を使おう
(2) 外国人が日本語を学んでくれているのだから，私たちも日本語を話すときは相手に分かるように少し調整をしよう

(1) については，冒頭でも述べたとおりです。そして，そのときに私たちができることは，(2) のような態度です。旅行者にとって，日本語は学ぶ必要がある言語ではありません。もちろん，旅行者の中には，日本の言葉や文化に興味を持ったから日本に来たという人もいるでしょう。日本という国に来るということでは，多少なりとも日本と縁があったということなのですから，「通じるか通じないか」にこだわりすぎず，日本での良い思い出になるように接すれば十分です。「日本語を教える」などと身構える必要はありません。

もし，日本に来た旅行者に「日本語を教えて欲しい」と言われれば，日本文化を象徴するあいさつや単語などを（結果として伝わらなくとも）伝えようとすればよいでしょう。文法談義をする必要はありません。これはみなさんが海外で「日本語を教えて欲しい」と言われた場合も同じです。

になり，個別に集計されるようになりました。その影響で，中国の登録者数は減少しています。
[6] 永住者や定住者の定義はここでは書き切れませんが，簡単に説明しておくと，永住者は原則として約10年以上の滞在（日本人の配偶者等の場合は特例で婚姻3年かつ滞在1年以上），定住者は基本的に個々に判断されますが，海外移民や中国残留邦人の2世や3世が多くなっています。

b. 留学生

みなさんにとって，身近な外国人と言えば留学生ではないでしょうか。先に挙げた統計でも述べたように，永住者・定住者・日本人の配偶者といった外国人を除けば，上位を占めます。そして，留学生の場合は「日本語を学ぶ」という意志が明確です。したがって，日本語を教える対象としては，具体的にイメージがしやすいということになります。

留学生については，言語の習得がしやすいと言われている比較的に若い世代に集中して日本語を学びますので，その教え方はみなさんが受けてきた英語教育と似ており，話題や場面を基礎としながらも，確実に語彙や文法を積み上げていくことが多いです。ただ，日本の英語教育と決定的に違うのは，日本国内で日本語を学ぶ場合に限っては，「直接法」すなわち「日本語で日本語を教える」という方法が採られる点です。「日本語がわからないのに，日本語で教えても通じないのではないか」と思うかもしれませんが，日本語教師は「語彙／文法コントロール」といって，既に習った語彙や文法だけを使って日本語を教えていきます。初級では理解の促進のため，「絵カード」と呼ばれる紙芝居の1枚のようなカードを使うのが一般的です。

留学生の場合，初級では日本での生活に必要な日本語が中心となりますが，中級，上級と進むにつれ，アカデミック・ジャパニーズと呼ばれる大学での勉強に必要な日本語を教える比率が高くなっていきます。アカデミック・ジャパニーズでは，論文・レポートの書き方やプレゼンテーションの方法など，日本人向けの文章表現法や日本語表現法といった科目と類似点が多くなります。

一方で留学生とはいえ，日本で日本語を使って生活をするという側面はあります。初級では最低限，自分の意志を伝え，相手の意志を理解するための日本語を学びますが，中級以降になってくると生活のための日本語は，日本人の友人から学んだりバイト先で学んだりすることが多くなってきます。このとき，大学やバイト先での友人として，日本人であるみなさんとの接点が生まれます。外国人の友人としてのみなさんは，無理に「日本語を教える」と身構える必要はありません。すでに基礎は学んでいるわけですし，もし留学生に「わからない」日本語を聞かれることがあったとしても，日本人に説明するのと同じように説明すれば十分に伝わります。このとき気をつけることは，留学生は同世代の若者（大人）であり，日本語でわからないことがあるからといって，子どもに説明するような態度を取ることは失礼になるということです。

知り合いの留学生が望めば，ランゲージ・エクスチェンジ（言語交換）として，

互いの母語を教え合うのもよいでしょう。ただし，みなさんが日本語や日本文化について全てを知っているわけではないのと同じように，外国人もその言語が母語だからといって，その言語や文化の全てを知っているわけではないということは留意しておきましょう。みなさんの小さな国際交流を通して，日本を好きになってくれる留学生が増えることを期待しています。

c. 永住者・定住者・日本人の配偶者

先の統計を見ると，非常に比率の高い永住者・定住者・日本人の配偶者などは，日本での生活を目的として滞在する人々ということができるでしょう。こうした外国人の方々は，日本に滞在するようになった背景も目的も異なりますので，一概に語ることは難しいのですが，全ての人が「日本語を学ぶ」ことを目的としているわけではないということは繰り返し確認しておく必要があるでしょう。こうした外国人の方々の中には，日本語が既にネイティブレベルである人から，全く日本語ができない人まで幅広いため，「日本語を学ぶ」ことについてもまちまちです。もし，こうした外国人の方々に「日本語を教えて欲しい」と言われた場合，個人のプライバシーに関わらない範囲でニーズを聞くことが大切です。

そして，もし「日本語を教える」ということになった場合，先ほどの留学生における「生活のための日本語」の側面と同じような対応が必要です。つまり，「日本語を教える」というより，「日本語を伝える」ということ，一人の日本語ネイティブとして彼らと日常に使う日本語でコミュニケーションをすることが，日本で生活をするために役立ちます。つい，身近な外国人である留学生を思い浮かべ，語彙や文法を教えるということになりがちですが，生活のために必要な日本語は，日本人とコミュニケーションができ，それによって生活の質（QOL: Quality of Life）が上がることが大切です。彼らには，日本語の勉強の先に，テストが待っているわけでにないのです。

d. 年少者

先の統計には出てこなかったのですが，いまは小中高等学校に「外国にルーツを持つ子どもたち」が増えています。以前は「外国人児童生徒」と言っていましたが，在留資格のところでも取り上げたように，国際結婚で日本生まれの場合，日本国籍と外国籍を持つ子どもは 22 歳まで国籍の留保が可能です。したがって，日本国籍でも家庭内で外国語しか話さない環境を持つ子どももいることになるのです[7]。

---

[7] 詳しくは河原ほか（2010）なども参照してください。

こうした外国ルーツの子どもたちについても，日本生まれか，もしくは何歳で来日したのかによって，日本語をどのように学ぶのかは変わってきますが，留学生と並んで「日本語を学ぶ」ことの必要性は明確です。ただし，学ぶべき日本語は，あくまで「学校の勉強が理解できるようになるための日本語」であり，長く日本での滞在が予想される場合は，「日本社会で生き抜いていくことのできる日本語」が必要となります。また，両親や親族とのつながりのために，アイデンティティのためにも，継承語（両親の母語，初めて覚えた言葉）の保持も重要です。

7.1.4 非母語話者に日本語を「教える」のか

本節では，ニーズ別に「日本語を教える」ということを考えてみました。明確に日本語を「教える」対象になるのは，留学生と年少者ぐらいで，その留学生や年少者にも，「生活のための日本語」の側面もあります。このように考えると，留学生や年少者を教えるプロの日本語教師以外は，明確に日本語を「教える」ということは少なく，日本語教師にならないみなさんは外国人に日本語を「教える」のではなく，日本語を「伝える」もしくは日本語でコミュニケーションをするということを念頭に置いていただければよいことがわかります。そして，その際には荒川（2010）にもあるように，「日本語で」「日本語を調整して」外国人とのコミュニケーションに臨んでいただければと思います。

参 考 文 献

荒川洋平（2010）『とりあえず日本語で―もしも…あなたが外国人と「日本語で話す」としたら』スリーエーネットワーク

河原俊昭・山本忠行・野山　広（2010）『日本語が話せないお友だちを迎えて―国際化する教育現場からのQ&A』くろしお出版

法務省（2013）「平成24年末現在における在留外国人数について（速報値）」http://www.moj.go.jp/nyuukokukanri/kouhou/nyuukokukanri04_00030.html

法務省（2014）「平成25年における外国人入国者数及び日本人出国者数について（速報値）」http://www.moj.go.jp/nyuukokukanri/kouhou/nyuukokukanri04_00038.html

7.2　日本語教育と日本語学の「これまで」と「これから」　［菊地康人］

7.2.1 日本語教育は日本語学から知見を取り入れてきた

日本語を母語としない人が「これは私は作ったケーキです。」と言ったとします。下線部は「は」ではなく「が」でなければ……と教えてあげたとして，それはなぜですかと聞かれたら，どう答えればいいでしょうか。

「は」を2つ重ねて使うのがまずいのでは，と思われるかもしれませんが，「林君は仕事は終わりましたか。」のように「は」を重ねてよい場合もあるので，その分析は正しくありません。正解は，「私○作った」が「ケーキ」を修飾していて，「連体修飾節中の主語は「が」で示す」というルールに従うため，です。このルールは，実は私たちの脳中に具わっているのですが（だからこそ私たちは正しく使っているわけです），一般の人は，普通，その存在に気づいていません。が，日本語学では知られ，日本語教授者にも共有されています（例えば『みんなの日本語初級Ⅰ』22課文法解説には，「これはミラーさんが作ったケーキです。」などの文とともに，このルールが記されています）。

このように意識されにくい言葉のルールは他にも多くあり（文法とは大部分がそういうものです），それを見出すのが日本語学（特に文法研究）です。そうして得られた知見の中には，当然，日本語教育を益するものがあり，日本語教育もそれを取り入れてきました。が，文法と語学教育の関係については，日本語に限らず，種々議論があり，時には文法不要論さえ主張されます。不要論ではないのですが，野田（2005：5-6）が「これまでの日本語教育文法は日本語学に依存しすぎてきた」と論じたのを契機に，日本語教育界の一部に，日本語学から離れることこそが重要であるかのような意識が過度に強まってもいます。

こうした中で，ここでは，改めて日本語教育と日本語学の関係のあり方を，「日本語教育をさらに豊かにするには」という発想で考えてみます。

初めに，上の「連体修飾節中の主語は「が」」といったルールは，やはり学習者としては知っているほうが得，ということを確認しておきましょう。文法のルールは（このルールに限りませんが），特定の個別的な文だけに該当するものではなく，同様のケースに広くあてはまる一般性の高いものなので，学習者にとっては「汎用性の高いコンパクトな知識」として利用価値が高いのです。この意味で，日本語学的な知見は，基本的に学習者を益するポテンシャルを持っているといってよく，文法不要論は得策ではありません。

7.2.2 取り入れやすい「用法の分類」や「類語の差異」

ただ，日本語教育が日本語学的知見を取り入れる上では留意すべき点もあります。次項でそれを見る前に，ここではまず，特に取り入れやすい（両分野が好む）事柄としてa)「用法の分類」やb)「類語の差異」があるので，その例を見ておきましょう。この両方を兼ねた例として「たら」（と「ば」）を見ます。

(1) 雨がふったら，行きません。(みんなの日本語初級Ⅰ，25 課，練習 A-2)
    (2) 夏休みになったら，田舎へ帰りたいです。(同，練習 A-3)

　これらの「たら」を区別することは，日本語学でも（益岡（2006）等），日本語教育でもよく見られます。(1) は「そうなる（雨がふる）かどうかわからないが，そう仮定する」，(2) は「確実にそうなる（夏休みになる）と見込まれる」点が違うとされます。関連して，(1) の「ふったら」は「ふれば」とも言えますが，(2) の「なったら」は「なれば」と言いにくい点も違います。そこで，多くの教科書がこれらを別用法の「たら」と扱い（上記『みんなの日本語』の他，『日本語初歩』32 課，『語学留学生のための日本語』21 課，『学ほう！にほんご』19 課など），中には別の課で扱う教科書もあります（『初級日本語』〈東京外国語大学〉16 課 + 21 課）。
　「たら」にはまた，日本語学で「事実的」と呼ぶ次のような用法もあります。

    (3) 家へ帰ったら，母から荷物が届いていた。(みんなの日本語中級Ⅰ，2 課)

　(3) は，「…たら…た」の形で，文全体がすでに起こったことを表す点で，(1) とも (2) とも違います（(3) も「帰れば」へのパラフレーズは不可）。この用法は，「たら」をifに近いものと理解（実は誤解）してしまった学習者には不思議に映るため，教授者も敬遠しがちで，一部の初級教科書（『日本語初歩』32 課，『文化初級日本語』31 課）を除いて中級に送られがちな用法です。
　このように，「たら」には（さらに細分もできますが）大きく3用法を立てる整理がよく行われます。これは，日本語学の成果を参照しながら，日本語教育自体も分類に関心を持って，このように収束してきたもので，(1) を〈モシたら〉，(2) を〈スグたら〉，(3) を〈ビックリたら〉と呼ぶ教育も行われているそうです（K.A.I.T（編）『実践にほんご指導見なおし本 語彙と文法指導編』アスク出版，p.168）。

7.2.3　日本語教育として留意すべきこと
　このような日本語学的な「用法の分類」等の知見を日本語教育に取り入れる上で，留意すべき点はないか，以下，実際の教育活動に即して考えてみましょう。
　実際に「たら」を教えるとします。(3) は避け，(1) と (2) の用法だけを，この両者を区別して教える方針を採ることにしますが，2つの用法を区別するなら，その違いを示す必要があります。「(1) はifで，(2) はifでない」とでも説

明すれば，学習者がまずまずわかった気になってくれる場合もありますが，実際には必ずしもそうはいきません．こう述べても学習者の納得度は今一つで，「なぜ同じ語が if だったりそうでなかったりするのか」「両方とも when と見てはいけないか」「線は引けるのか」などの質問が出ます．これでは「分類の知識」を強引に与えるのが精一杯で，「たら」を適切に使うところまでは導けません．

　こういう経験を経て，現在の筆者は，例えば次のような文をあげています．

　　(4) 大学院に入ったら，毎晩，実験で帰りが遅くなります．

　(4) は，大学院に入るかどうかわからない段階で言ったなら，(1) のタイプです．が，(4) はまた，「大学院の入試に通ったが，まだ大学院生になっていない」段階でも言える文で，それなら (2) のタイプです．つまり，詳しい状況がわからずに (4) という文に接しても，(1)(2) どちらのタイプか判断できません．となると，(1)(2) の区別にどれほど意味があるかということにもなるでしょう．(1) でも (2) でも，「たら」自体は「前件の内容が実現したら，後件のような展開になる」ことを表しており，この点で (1) と (2) に差はありません．(1)(2) の違いは「前件が起こると見込まれる確率」の差だけであり，これを区別することは，「ば」の使用の適否については意味がありますが（「ば」は，確実にそうなる場合には不適），実は「たら」を捉える上では本質的でない区別なのです．

　学習者にはここまでは伝えませんが，(1) や (2) とともに (4) のような例も示し，

　　「たら」は，(i) 前件が実現するかどうかわからない場合にも，前件が実現すると見込まれる場合にも使われる．(ii) どちらの場合も「(概略) 前件が実現すると設定すると，その先の展開として後件のようになる」というような意味を表す

という趣旨のことを伝える——これが，筆者がよいと思う「たら」の授業方針の例です．(1) と (2) を別用法とせず，「たら」のコア（中核的・本質的な意味）[＝上記 (ii)] を伝える行き方です．学習者は，分類を教わるより，このように，「たら」とはこういうものというコアを感じとるほうが，「たら」がよく理解でき，実際に使う力に結びつくだろう，と考えてのことです．

　(1) と (2) を分けるのはよくない，とまで主張するわけではありません．分けることで「「たら」には，if と訳せるものと訳せないものがある」という知識の整理には役立つでしょう．が，一方で，分類主義の学習は，語のコアをつかむのを弱めるという負の面も持ちます．たまたま if と訳せたり訳せなかったりす

るにしても，実は「たら」は一つなのであり，その，「たら」とはこんなものというコアをつかむことこそが，実際に適切に使えるようになるカギなのだと思われます。つまり，前掲の a)「用法の分類」や b)「類語の差異」にも増して，c)「語のコア」の理解を促すことが重要では，というのが主張の骨子です。

　ちなみに，この「a) より c)」を採るなら，(3) の「…たら…た」についても，「コアとしては同じ「たら」が時間軸上を平行移動した〈前件の実現を境に新たな展開がもたらされた〉という用法である」という見方が，学習者にもさほど困難なくできるので，(3) は，敬遠しないほうが「たら」の理解を深めそうです。

　なお，b) にも要注意の点があります。よく出る質問に，「たら」と「てから」の違いは，というものがあります。ところが，日本語学の文献を見ても，この違いを扱ったものに出会いません。日本語学では，「たら」の類語は，同様に「条件」を表す「ば・なら・と」（「と」は「右に行くと」の「と」）という発想ですが，学習者にとっての「たら」の類語は，この範囲に収まらないのです。

　以上，日本語学的知見を取り入れる際の留意点を見ましたが，最後に，「たら」以外の「分類の負の面」の著しい例をあげます。最近の日本語教育界では「受身は難しい」とされ，初級受身不要論さえありますが（野田（2005：4）），その「難しさ」は，実は「直接受身／間接受身／…」という日本語学の複雑な分類を日本語教育に持ち込んだ結果と見るべきです。この分類に拠らずに受身を一本化して（いわばコアを）提示し，学習者の理解を高め，「使える」ことにつなげる教授法を，筆者の所属機関ではとっています（菊地・増田（2009：70-72））。

7.2.4　両者の目的の違いと，これからの課題

　以上，日本語学は日本語教育を益するポテンシャルを持つとした上で，あえて「留意点」を見ました。留意が必要になるのは，両者の目的が違うためです。

　日本語学は，言葉の世界に関心を持ち，研究者にとって興味深い事実を掘り起こし，解析し体系化するのが目的なので，「分類」や「○○（例えば条件）の表現の体系」「その中での類語の差異」等に関心を寄せます。が，それが学習者の「伝えたいこと」とどう重なるか，どのぐらい学びやすいかという関心は必ずしも高くありません。一方，学習者は，「こういう内容を伝えるにはどう言うか」に強い関心があり，その答につながる有益でわかりやすい知識を望みます。

　「用法の分類」や「類語の差異」は，双方の接点になり得ますが，現状はまだやっと接しているだけで，豊かに噛み合ってはいません。そんな「甘い」関係は時に，負の面や，比べるべき「類語」が異なるといった断絶感ももたらします。

課題は，距離を置くことではなく，双方の目的の違いを認識した上で，実際の教室活動や学習者の学びのありように目を向け，「日本語教育から日本語学への貢献」も含めたより豊かな関係へと脱皮していくことなのです。

参 考 文 献
菊地康仁・増田真理子（2009）「初級文法教育の現状と課題―「です・ます完全文」をテンプレートとする教育からの転換を―」『日本語学』28-11（9月号），pp.64-74
野田尚史（2005）「コミュニケーションのための日本語教育文法の設計図」野田尚史（編）『コミュニケーションのための日本語教育文法』くろしお出版，pp.1-20
益岡隆志（2006）「日本語における条件形式の分化―文の意味的階層構造の観点から―」益岡隆志（編）『条件表現の対照』（シリーズ言語対照 6）くろしお出版，pp.31-46

7.3　ディスカッション　　　　　　　　　　　　［定延利之］

次の①〜⑤の当否の検討を通して，「非母語話者への教育」について考えてみよう。

①インターネットの普及に伴い，日本語のアニメやドラマに触れる機会は，海外在住の非母語話者であっても，今後ますます増えていくだろう。インターネット上には日本語の自習教材も無料で公開されている。日本語の授業は，もう必要ないのではないか。

②アニメやドラマの日本語に触れる中で自然に身につくものがあるとしても，それは「話す・聞く」日本語にかぎられている。「書く・読む」日本語は，母語話者であっても学校教育を受けなければ文盲となり身につかない。日本語の授業は「書く・読む」に集中しておこなうべきである。

③メールやニュースを読む時，わからない言葉や表現があれば，ネットで調べればいい。メールや書類を書く時も，ネットにある表現や解説をたよりに書けばいい。これは母語話者も非母語話者も同じである。非母語話者が困るのは「話す・聞く」であり，日本語の授業はこれを中心にしておこなうべきである。

④アニメやドラマを観たり，生活したりする中で自然に日本語を身につけられる人はいるかもしれない。だが，まじめなのにカンが悪くて，そうはいかない人もいる。日本語の授業はまず，そういう人のためのものであるはずだ。日本語の授業は，近似値的なものでもいいから，カンに代わる規則を沢山教える，文法の授業を中心にしておこなうべきである。

⑤規則というものは自習ででも学ぶことができる。学習者が一人だけではどうしても学べないのは，規則になっていない，日本語独特の微妙な「カンどころ」である。日本語の授業はこれを中心に教えるべきである。

第 8 課 言語障がい者に教える

8.1 言語障がいと言語療法　　　　　　　　　　　　　［林　良子］

8.1.1 「宇宙語」を話す患者さん!?

「今日の調子はいかがですか？」―「それ，それはこみすぐくってこんまとけば，とりうえほんしくって，どうもとりうえほもはれましたね」。－これは，現在，東京で三鷹高次脳機能障害研究所[1]を開設されている関啓子先生のご著書の一部です。関先生は，この患者さんとの出会いに衝撃を受け，言語聴覚士という職業を目指され，言語障がいの研究にすすまれました（関 2003）。この患者さんはウェルニッケ失語という障がいを患っており，相手から問いかけは音声として聞こえているものの，それを頭の中でどのような意味か理解することが困難になってしまっているという状況にある方です。音声は聞こえるわけですから，聴覚には障がいがありません。しかし，脳梗塞や脳内出血といった脳内の病変によって，私たちの頭の中に蓄積されている「言語知識」とでもいう知識にその音声を照らし合わせることができなくなってしまっているのです。何か受け答えをしようとしたときには，当然自分の答えを音声にするということが頭の中でなされようとします。この患者さんの場合，相手に対する自分の答えの音声も頭の中の「言語知識」にうまく照合させることができず，自分が本来答えようとした音の順番とまったく違うものが口からでているといったことが起こっているのです。

しかし，もう一度よく考えてみてください。皆さん自身もこのような経験をしたことがないでしょうか？ それは皆さんが外国語をしゃべろうとしているときです。外国語学習の初歩のうちには，音声は聞こえてくるものの，それがいったい何を意味しているか分からなかったり，受け答えしようとしているものの，それがうまく言い表せなかったり，うまく発音できなかったりということがよく起こらないでしょうか。これこそ，上で紹介した失語症の患者さん同様に，みなさんの頭の中の「言語知識」と耳から入ってくる音声がうまく照合できていない状態です。また，何か話そうとしても自分の発する音声がうまくフィードバックできず，不正確な発音になったり，文法的な間違いに気が付かなかったりというこ

---

[1] http://brain-mkk.net/（2014 年 2 月 25 日閲覧）

とが起こります。外国語学習の初歩では，いわゆる失語症に似たような症状を誰もが経験していることになります。

8.1.2 スピーチ・チェイン

上に紹介した失語症の患者さんのように，いったん獲得された言語機能が，脳梗塞や脳卒中といった脳血管障害により，後天的に障害される状態を「失語」と言います。言語障がいは，この「失語」だけを指すわけではありません。次の図 8.1.1 を見てみてください。

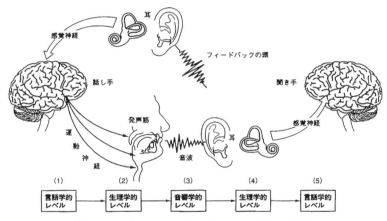

図 **8.1.1** スピーチ・チェイン（Denes and Pinson, 1998）

図 8.1.1 は，スピーチ・チェイン（ことばのくさり）と言われるもので，言語障がいを学ぶときによく引き合いに出される図です。これは，人間の音声言語によるコミュニケーションの過程を表しており，どこか 1 か所でも切れてしまうとコミュニケーションが成り立ちません。また，この過程のどこかが切れてしまうと，切れる場所によって異なった言語の障がいが生ずることになります。

図 8.1.1 を見てわかるように，私たちがことばを発するときにはまず，(1) 頭の中にある言語知識を用いて，どのようなことばを産み出すかの企画を行ないます。これを言語学的レベルと呼ぶことにします。すると次には，これから言おうとする内容がうまく発音されるように，運動神経に指令が送られ，実際に肺や声帯，唇や鼻などの発声器官を適切な順序と速さで動かそうとします。身体の運動に関わる処理ですから，これは (2) 生理学的レベルと言えます。次に，このよ

うに生成された音声が空気中を音波として伝わる (3) 音響学的レベルともいうべき処理が行われます。もしも空気がなければせっかく声帯を振動させてつくられた音波も相手に伝わらないわけです。こうして伝わってきた音波は聞き手の耳に届き、鼓膜を振動させ、内耳を経て感覚神経 (聴神経) へと音の情報が伝えられます。ここは再び (4) 生理学的レベルでの処理であると言うことができます。最後に、送られてきた音の情報を聞き手の言語知識に照らし合わせ、意味の理解が行なわれるわけです。これも再び (5) 言語学的レベルの処理と言えます。言語情報の伝達には、話し手と聞き手が必ず必要であり、話し手は聞き手にもなりえるし、聞き手は話し手にもなりえますが、話し手の発する音声は聞き手の耳のみではなく、話し手自身の耳へも伝わっています。話し手は、自分自身の発する音声を、自分でも聞いて、その音声を言語知識に照合しつつ、音声の強さや速さなどの微妙な調節を常に行なっているわけです。このような処理をフィードバックの環と言います。

　それではどのレベルでどんな障がいが生ずるのかを考えてみましょう。(1) のレベルに障害が生じれば、言語生成の企画や運動神経への適切な指令を出すことができなくなり、うまく話すことができなくなってしまう失語が生じます。このような失語のタイプは、運動性失語（ブローカ失語）と呼ばれています。次に、(2) のレベルに障がいが生じれば、言語生成の企画ができていても、発声器官を適切に運動させ、正しい発声や発音をすることができなくなってしまいます。うまく声や語を発することができない障がいを「発声・発語障がい」、さらに、正しい発声ができずに、かすれたり、ひずんだ声質の音声が生じてしまうことを「音声障がい」、正しく音が調音（構音）できず、発音の明瞭さを欠いたり、誤った発音を起こすことを「構音障がい」と言います。

　(4) のレベルに障害が生じれば、音波を適切に受け取ることができなくなり、聴覚障がいが生じます。(5) のレベルに障害が生じれば、8.1.1 項に挙げた患者さんのような失語、つまり感覚性失語（ウェルニッケ失語）が生じます。最後に、フィードバックの環に障がいがあれば、自分自身の発する音声の大きさやリズムやタイミングが不適切になり、吃音と言って、うまく発話のスタートが切れずに何度も繰り返したり、発話の途中で途切れたりといった症状が生じることになります。

8.1.3　言語障がい者を助ける仕事──言語聴覚士
　8.1.2 項でさまざまなタイプの言語障がいについて述べましたが、このように

多岐にわたる障がいを持つ方々を支援する職種があります。それは，言語聴覚士という仕事です。英語ではスピーチ・セラピスト，略してSTと呼ばれることもあります。言語聴覚士は，失語症，発声・発語障がい，聴覚障がいのほか，小児の言語発達の遅れなど，音声や言語，聴覚機能の障がいを持つ人に，コミュニケーション能力を回復，向上させるための訓練や指導，検査，つまりリハビリテーションを行ないます。日本では，1971年に国立聴覚言語障害センター（現：国立障害者リハビリテーションセンター）に養成所が設置されましたが，その後急速な高齢化社会の到来によりこの職業の需要が高まり，1997年言語聴覚士法が制定され，1999年3月第一回国家試験が行われました。2013年現在では，この資格を持つ人は2万2千人に上りますが[2]，病院などの医療機関，特別支援学校などの教育機関，老人保健施設や保健所などでまだまだ人手が足りない状況であるとされています。言語聴覚士は鼻から肺までのいわゆる発声器官の専門家であることから，これらの器官や呼吸の複合的な運動によって生じる「飲み込み」動作についても訓練指導，助言をすることがあります。食物や飲料を飲み込むための動作を「嚥下（えんげ）」と言いますが，高齢者においてはこの「嚥下」や食べ物を摂取する「摂食」といった分野でもリハビリテーションの需要が高く，言語聴覚士の大きく活躍する場ともなっています。

　外国人に日本語を教えるのは日本語教師の仕事ですが，言語聴覚士は日本人に自分の母語を思い出させたり，発音訓練をする仕事というわけです。指導対象は第二言語，第一言語である日本語という違いがありますが，言語聴覚士という仕事の内容を考えてみると，私たちが外国語を学ぶとき，外国人学習者が日本語を学ぶときの習得過程のヒントがたくさん転がっているように思われます。

参考文献
関　啓子（2003）『失語症を解く―言語聴覚士が語ることばと脳の不思議』，人文書院
Denes, B.D. and E.N. Pinson (1998) *The Speech Chain: the physics and biology of spoken language, 2nd edition*, W.H.Freeman and Company, New York

8.2 音楽が言語を回復させる：メロディック・イントネーション・セラピー　［金田純平］

8.2.1　音楽と言語

　言語の起源の一つとして考えられているものに音楽があります。音楽は，異な

---

[2]　http://www.jaslht.or.jp/ （2014年2月25日閲覧）

る高さの音の列を配置することで生まれるメロディ（旋律）や，音の現れる時間軸上のパターンであるリズム（律動）で表現されますが，言語（音声言語）も異なる音色の音，つまり複数の母音・子音を並べることにより語や文を構成し，何らかの意味を持たせることができます。また，言語にはアクセントやイントネーションによる声の高さの変動や，俳句などの定型詩などを作るときのリズム（五七調など）といった音楽的な要素もかかわっています。これらの要素をまとめてプロソディ（韻律）といいます。プロソディと音楽は密接に関係していて，例えば唱歌「うみ」でもアクセント（東京式）のパターンに応じてメロディが与えられています。図 8.2.1 は冒頭の 4 小節を示したものですが，最初の 2 小節の「うみは」「ひろいな」はアクセントのある「う」「ろ」が一番高い音になっています。現代の歌では必ずしも守られているとはいえませんが，日本語のアクセントに合うようにメロディを定める作曲法が採られています。

図 8.2.1　唱歌「うみ」の冒頭のメロディ［JASRAC 出 1504184-501］

　言語においてプロソディは，単語や文によって作られる意味（言語情報）のほか，話者の意図や態度といったパラ言語情報を担います。例えば，「それホント？」を声の高低を誇張するように発音すると，ゆっくり怪訝さや皮肉を伴った言い方になるというようなことです。このようにヒトは母音や子音の調音だけでなく声の高さやリズムなどを取り入れることで言語によるコミュニケーションを成立させています。

8.2.2　失語とプロソディ

　失語の代表的なものとして，運動性失語（ブローカ失語）と感覚性失語（ウェルニッケ失語）が挙げられます。運動性失語の場合，母音や子音の発音が正常ではなくなる構音障がいのほかに，単語や文を途切れさせながら発音する非流暢性，そして単調なリズムや抑揚にとぼしい音調——いわゆる宇宙人の発音——で話すというプロソディ障がいが見られます。一方，感覚性失語では，構音障がいも少なく流暢に話すことができ，プロソディにも問題は見られません。そのかわり，単語の言い間違い（錯語）が多くしばしば理解できない単語（ジャルゴン）で話す，相手の話した内容を理解できないなどの症状が現れます。

しかし，プロソディ障がいをもつ運動性失語の患者でも，歌を歌う場合には正しいメロディで発音も発話の時に比べてより正確に発音できることが多いと言われています。これは，一般的な傾向として言語の処理は脳の左半球が，音楽は右半球がそれぞれ優位であることが理由として考えられます。左半球の前頭葉にあるブローカ野を損傷した運動性失語の患者はうまく言葉を話せないのですが，右半球が無傷であれば歌は歌えるというわけです。

8.2.3 メロディック・イントネーション・セラピー（MIT）

言葉の発音や流暢性，プロソディに障がいが現れる運動性失語でも歌を歌うことができる場合があるのを利用して，言葉の産出を回復させる言語療法の一つに，メロディック・イントネーション・セラピー（Melodic Intonation Therapy, MIT）があります。MIT は，あいさつや日常的によく使う短い語句を一定のメロディやリズムに乗せて歌うように発音させるトレーニングを患者に施すことで，発話における非流暢性やプロソディ障がいを改善させるという療法です。短い単語や文に少し大げさな抑揚をつけて，手を叩いてリズムを作って 1 拍ずつ発音することで，音楽的要素を強調します。

アメリカのスパークスらが考案した MIT では，英語のストレスアクセントやイントネーションに合わせて，それを音の高さやリズム（拍の長さ）に対応させてパターンを作ります。しかし，MIT を日本語にも適用させようとすると，英語とはリズムのパターンが全く異なるので，スパークスらの方法ではうまくいきません。英語では，ストレスのある音節を長く，ない音節を短く発音しますが，日本語では音引き（長音）や促音を含めて 1 モーラごとに同じ長さで発音します。また，日本語のアクセントがモーラごとに相対的に高いか低いかを決めるものなので，音の高さも 2 段階にしたほうが扱いやすいという事情もあります。これらを勘案して日本語版 MIT を考案したのが，この課の最初で紹介した関啓子氏です。日本語のプロソディをメロディに置き換えた例が図 8.2.2 です。英語版での例と併せて紹介します。

日本語の例では，「おきるじかんだ（起きる時間だ）」の各モーラを 8 分音符に対応させてリズムを作り，文節の境界になる「る」と「じ」の間にポーズ（8 分休符）を入れています。英語では，"time" が 4 分音符と，"to get up" の各単語（音節）の 8 分音符よりも長く設定されています。また，高さを見ると日本語ではアクセントパターンに合わせて「き」と「かんだ」を高く，「お」「る」「じ」を低くしています。先ほどの「うみ」ほど音楽性のあるメロディとは言いがたいです

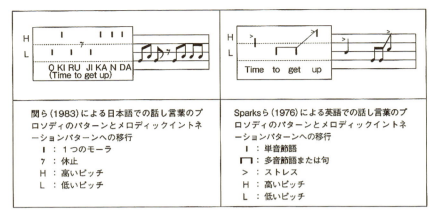

図 8.2.2 MIT で使われるパターンの例(藤田・立石編(2009), p.209)

が、アクセントによるモーラごとの音の高低の違いを明確にすることが重要なのです。

次に、治療の進め方ですが、回復状況に応じて4つのレベルに分けた段階的な方法が採られています。レベル I では、課題の文や語句に対して言語聴覚士が発する見本に合わせて手拍子をとりながらハミングで復唱させます。つまり、声の高さを調節する訓練です。レベル II と III では、ハミングに加えて実際に単語の発音を行います。レベル IV では歌のような抑揚ではなく正常な言語での抑揚で発音できるように導きます。この流れにより、本来の言語の自然な発音が自発的に行えるように治療を行っていく仕組みになっています。

8.2.4 MIT の効果

運動性失語の患者に MIT を施すと、成功すれば流暢性やプロソディが回復するのですが、構音、つまり母音や子音の発音も改善されるという報告があります。関先生のもとで研究し、現在は言語聴覚士である中川ゆり子氏の報告では、例えば「バス乗る」という課題文に対して、MIT による治療前では「カツクォリ」のような発音だったのが、治療後は正しく「バス乗る」と発音できるようになりました。つまり、言語の音楽的特徴を利用した治療法が、リズムやアクセントのようなプロソディの回復だけでなく構音障がいの回復にもつながったということです。

では、MIT による脳機能の変化はどのように考えられるでしょうか。一つは

言葉の発音において音楽処理を得意とする右半球の機能が賦活（活性化）され，プロソディの制御を補助できるようになることです。言語のプロソディの制御は左半球が優位ですが，そこに損傷を受けた運動性失語の患者が MIT を受けることで右半球の音楽処理の補助により流暢性やプロソディを回復させるという仕組みです。もう一つは，損傷を受けた左半球のブローカ野の周辺部が賦活されるというものです。構音の制御は左半球が優位に働きますが，MIT を通じてブローカ野の周辺が賦活されることで構音も回復すると考えられています。

こうしてみると MIT は良いこと尽くめのように思えますが，すべての失語に有効ではありません。例えば感覚性失語では，そもそも構音やプロソディは正常であり，逆に相手の発話内容の理解が苦手で課題文の単語を別の語に変える錯語も起きるので有効な療法ではありません。あるいは，右半球も同時に損傷していれば音楽処理も難しくなり MIT は有効に働きません。また，患者の集中力や情緒の状態によって向き不向きもあります。

8.2.5　まとめ

MIT は運動性失語を音楽処理の助けを借りて回復させる療法というよりも，音楽処理を行う右半球の活動により左半球の言語処理を行う部分も賦活させる療法とみることができます。つまり，脳の可塑性を利用した療法です。脳のこと，言語や音楽を処理するメカニズムはまだまだ完全に解明されていませんが，脳科学の知見を用いて，ヒトにしか具有されていない言語や音楽の起源についてさかのぼることができそうです（実際にそういうプロジェクトも進められています）。言語と音楽には共通性があるだけでなく，互いに補完しあう関係でもあることはたいへん興味深い事実です。

参 考 文 献

岡ノ谷一夫（2010）『さえずり言語起源論——新版 小鳥の歌からヒトの言葉へ』岩波書店
藤田郁代・立石雅子（編）（2009）『失語症学』医学書院

8.3　学校で教える　　　　　　　　　　　　　　　［森　篤嗣］

8.3.1　小学校国語科教科書と点字

本節では言語障がいに限らず，学校教育における障がい者への教育を広く扱います。平成 8 年度版の光村図書の小学校国語教科書に視覚障がい者である大島健

甫氏の点字についての4年生向け教材「手と心で読む」が採用されました。その後，小学校国語科教科書は，平成12年度，平成14年度，平成17年度，平成23年度と4回の改訂がありましたが，「手と心で読む」は20年近くもずっと掲載され続けています。点字は生活の中で，あちこちで見かけますが，健常者にとっては意識をして見ないとなかなか気づかないものでもあります。小学4年生という時期に，点字というものが存在するということを考える機会を持つことができるというのは大きいと言えます。そして実際の点字に比べると，やや低くはありますが，青い特殊インクで浮き出るように印刷された点字の一覧表も掲載されています。点字に法則があることを知り，身の回りの点字を読んでみたり，点字を打ってみたりという学習活動もおこないます。

　教材としての扱い方に目を移すと，「手と心で読む」は，平成8年度版，平成12年度版，平成14年度版では，説明文教材として収録されていましたが，平成17年度版では「「伝える」ということ」，現行の平成23年度版では「だれもがかかわり合えるように」という単元の資料として位置づけられています。つまり，当初の「点字や視覚障がい者を知る」という学習活動から，「視覚障がい者とどのように伝え合い，関わり合うか」に変化していると言えます。これは，障がい者教育が一般社会とは異なる枠組みで孤立して行われていた時代から，インクルーシブ教育として共に学ぶという枠組みに変化してきていること，さらには社会でもバリアーフリーからユニバーサルデザインへと変化してきていることと連動していると言えます[3]。つまり，「障がい者についてみんなが理解し，共生社会を作り上げる」という方向性です。

　このような学習活動が子どもたちに与える影響は大きいと言えます。しかし，プラスの側面しかないかと言えば，そうでもありません。みなさんも経験したことがあるかもしれませんが，障がい疑似体験という学習活動があります。視覚障がい者の体験であれば，アイマスクを付けて校内や街を歩くということになります。しかし，こうした障がい疑似体験は，障がい者やその関係者から好意的に見られることはあまりありません。なぜなら，一瞬だけ障がいを体験して「あー，怖かった」とパッとアイマスクを取って終わるのでは，障がい者の長い暗闇の世界を何も理解したことにならず，単に「かわいそう」という同情だけを助長することになりかねないからです。

---

[3] 片仮名ばかりになりましたが，インクルーシブ教育は「障害のある人とない人とが共に学ぶ仕組み」，バリアーフリーは「障がいの壁をなくすこと」，ユニバーサルデザインは「障がい者に限定せずに，あらゆる人にとって利用しやすいことを目指すこと」です。

8.3.2 特別支援学校における国語科教育

もともと盲学校，聾学校，養護学校に区分されていたそれぞれの学校は，学校教育法の改正により，2007年4月より特別支援学校に一本化されました。特別支援学校の英訳は，Special Needs School であり，その名の通りこれらの教育は，障害の種類によらず一人一人の特別な教育的ニーズに応えていくという特別支援教育の理念に基づきおこなわれるとされています。

このような名称変更にかかわらず，そもそも障がい者への国語科教育は，盲学校，聾学校及び養護学校小学部・中学部学習指導要領の頃より，「日常生活に密着しているか」，「身近にあるもの，具体的なものを扱っているか」などを中心に，学年で区分せず3つの段階で示してきました。生活科や道徳科などとの教科の壁は，一般の小学校以上に低く，日々の様々な活動を通して，生活に必要な言語活動を活発にすることが目指されています。

例えば小学部での具体的な活動を挙げると，「電話で話そう」，「絵ばなしをしよう」，「このなまえ，知ってるよ！〜野菜編〜」，「みんなのかるたをつくろう」など，絵や実物を活用して，児童の様々な言語活動を引き出す工夫がされています[4]。絵や実物を活用して言語活動を引き出すという教え方は，外国人に対する日本語教育とも共通点が多く，「外国にルーツを持つ子どもたち」（第7課）の教育にも応用可能だと思われます。その意味では，「外国にルーツを持つ子どもたち」もSpecial Needs を持つ子どもたちと言えますので，特別支援教育の枠組みで扱い，ゆくゆくはインクルーシブ教育へとつながっていくのが理想です。そのとき，社会もバリアーフリーからユニバーサルデザインへと移行していけば，共生社会へとつながっていくのだろうと思います。

参 考 文 献
大島健甫（1996）「手と心で読む」『国語四上　かがやき』光村図書出版
大南英明・吉田昌義・石塚謙二（編）（2005a）『障害のある子どものための国語―個別の指導計画による聞くこと・話すこと』東洋館出版社
大南英明・吉田昌義・石塚謙二（編）（2005b）『障害のある子どものための国語―個別の指導計画による読むこと・書くこと』東洋館出版社

---

[4] ここでの活動は，大南ほか（2005a, 2005b）から取り上げました。

第9課 危機言語—世界の中の日本語

9.1 言葉も死ぬ　　　　　　　　　　　　　　　　　　　［森　若葉］

　私たちは自分の言語が日本国中で通じることを当たり前だと思っています。これは一般的なことでしょうか。その一方で，日本語は日本国内でしか使えない小さな言語だと思っていませんか。世界の中でみると日本語はどのような言語なのでしょうか。日本の国語である日本語は，極東の島国にその話者のほとんどが住んでいますが，話者人口は世界第10位前後の大言語です。海外であまり通用しないので，実感はわかないかもしれません。大言語というと広い地域で通用する英語やスペイン語のような広域言語を思い浮かべるかもしれません。日本語は，それとはだいぶん様子が異なっています。歴史的にみると，征服者の言語や交易に用いられる言語が，影響力をもち広く分布しています。現代は，テレビが大きな影響力をもち，アジアやアフリカでは，テレビ放送で話されている言語が急速に広がっています。日本国外で日本語はコミュニケーションの役にはあまりたちませんが，アニメや漫画を通じて日本語を学んでいる若者も多くいます。インド人の知り合いが自分の子どもが日本語の日常会話の単語を知っていて驚いたと話してくれたことがあります。インドでは日本のアニメを字幕放送で見ることが多いため，かんたんな日本語を覚えてしまうそうです。思わぬところで日本語は発信され続けています。

9.1.1　世界の言語

　世界にはどれだけの言語があるのでしょうか。日本語のような大言語共同体の成立には，中央集権的政治組織が不可欠です。世界には小さな言語が数多くあります。言語数を数えるのは難しく，もともと同じ言語であったものについて，言語とするか方言とするか，その線引きは簡単ではありません。定義はいろいろありますが，意思疎通が可能な方言が連続していればそれらは方言とみなすのが，一般的です。ただし，社会的・政治的影響を受けるため，国や宗教が違うと，別言語とされることが多くあります。たとえば，オランダ語・ベルギー語・ドイツ語あるいは，スペイン語・ポルトガル語・イタリア語はお互い理解可能なのに，独立した国家の国語であるため，言語として数えられています。逆に，お互いに

通じないばあいも，国家が1つの国に帰属すると主張したければ方言とされることもあります。その結果，言語数は現在すでに使われていないものも含めると数千から1万くらいまで幅があります。世界の言語数や分布などを公開しているエスノローグ[1]によると，現在使われている言語数は7106で，2500あまりの言語が消滅の危機にあるとしています。1950年以降に消滅した言語数は373で，毎年6言語がなくなっている勘定です。

またユネスコは，日本にある言語を，日本語に加え，アイヌ語，八重山語，与那国語，八丈語，奄美語，国頭語，沖縄語，宮古語としています[2]。そして，日本語以外のすべてを，消滅の危機にあると警告しています。このように消滅の危機にある言語は危機に瀕した言語（危機言語）と呼ばれます。言語が死ぬと何が失われるのでしょうか。言語だけでなく，その話者共同体が長年培ってきた言語が伝える伝統知識や思想が失われます。近年，医薬品会社はあらたな医薬品の開発のため，新種の動植物を探し求めていますが，生物学者たちが知らない「未知」の動植物がじつは現地の人々によって昔から名付け区別されていることも多いのです。

危機言語を記述するフィールド研究者たちは，世界の各地で言語話者から，データを採集し，その文法，テキスト，辞書を抽出しようと努めています。話者がいるうちに，その言語を記録することは緊急の課題です。国内でも危機言語の研究調査がすすめられ，その保存・継承運動もおこなわれています。近年，音声や映像の記録技術の進化によってより効率的にデータ化できるようになりました。その一方，語彙の収集にかんしては，学際的研究の重要性が唱えられるようになってきました。エヴァンズ（2013）は調査者が詳しくない領域の単語を収集する難しさについて，パプア・ニューギニアでの言語調査の話を引用しています。ある言語学者が多くの植物語彙を収集したあと，石についても尋ねましたが，単語を1つしか収集できませんでした。ところが，翌年友人の地質学者は1時間足らずで石にかんする長い語彙リストを手に入れました。言語話者たちは石に関する知識がない人に答えても仕方がないと思っていたのです。言語調査のさいは，自分の興味・関心から遠い語彙を収集しそこなう危険性があることに留意する必要があります。

---

[1] www.ethnologue.com/world
[2] ユネスコは「言語か方言か」の問題に関して，言語を多く数える立場をとっています。このうち，アイヌ語は言語系統的に異なっているため，つねに言語とされますが，それ以外の言語は方言とする立場もあります。

9.1.2 死語の世界

　話し手がいなくなってしまうと，言語は死語になります．死語になると，書記の書き誤りがあっても確認することはできません．語彙を尋ねることも，文が正しいかどうか訊くこともできません．それでも書き残された文献や研究者が集めたデータがあればその民族の言語や文化をある程度は知ることができます．

　私は，シュメール語という現存する世界最古の言語を専門としています．この言語は，紀元前二千年紀初め，つまり今から四千年近く前には，危機言語の状態を通り越して，話し手のいない「死語」になったと推定されています．文献は紀元後1世紀のものまであり，その二千年間は文語として用いられていました．はるか昔の言語ですが，私たちが今日使っている60進法はシュメール文明に由来します．言葉そのものは滅びてもその文化や概念は現代までつながるものがあるのです．シュメール語は，10万枚以上の多様な文書が博物館に収められており，死語の中ではもっとも恵まれた言語の1つといえます．シュメール人はメソポタミア文明の最初の担い手で，楔形文字を発明しました．楔形文字は，古代オリエント世界の公用語となるアッカド語（バビロニア／アッシリア方言）に，その後さらに，エラム語，ヒッタイト語やフリ語など多くの異なる言語に採用されました．シュメール語は系統不詳の言語で，名詞に格接辞が後続し，動詞にも多くの接辞を付加する膠着語です．名詞や動詞は表語文字であらわし，文法関係を表す接辞には音節文字を用います．語順はSOVで接辞を多用するところが日本語に似ています（9.1.4項参照）．一方，アッカド語はアラビア語やヘブライ語と同じセム系言語で動詞も名詞も屈折変化します．つまり，アッカド語はまったく違うタイプの言語から文字を借用したのです．

　これは，ちょうど日本語が中国語から漢字を借用したのと似た状況です．アッカドの人たちは，主として音節文字を用いて自分たちの言語をあらわし，シュメールの表語文字を用いるばあいは「アッカド語読み」にしました．その場合，語尾は音節文字で表しました．日本人が漢字を訓読みにし，送りがなを送るのと同じ要領です．

9.1.3 死語の解読

　現在使われていない古代語の解読は非常に困難な作業です．シュメール語のような言語はどのように解読されたのでしょうか．資料数は多いとはいえ，ほかに同系統の言語がなく，しかも死語化したのは今から四千年前です．言語の解読は，エジプト聖刻文字（エジプト語）解読のきっかけとなったロゼッタストーン（エ

9.1 言葉も死ぬ

ジプト語：ギリシア語）のようにすでに読める言語が併記された資料があるか，もしくは未知の言語と同系統の言語の存在がないとまず不可能と言われています。シュメール語が解読できたのはアッカド語話者たちがつくった数々の資料のおかげでした。とくに解読の大きな助けとなったのは，アッカド語で記された字書や文法書の存在でした。字書にはシュメール語の単語の左に読みが，右にアッカド語で意味が記されていました。文法書には，動詞の活用が一覧になったものや，接辞の種類や意味，動詞の不規則形式について，その時制・アスペクトや数が説明されているものもあります。これらは，シュメール語学習のために作られました。紀元前三千年紀にはすでに第二言語としてシュメール語とアッカド語は互いに学校で学ばれていました。これは，世界で最初の第二言語教育の例であり，話し言葉とまったく文法が異なる文語の教育は，奈良時代や平安時代の日本の漢文教育を想起させます。

9.1.4　表語文字と音節文字の混用——日本語とシュメール語の書記体系

シュメール語は，万葉仮名で書かれた日本語のような書記体系をもっていました。どこが表語文字でどこが音節文字かその書字法を知らない人にはわかりません。万葉集の額田王の歌（『万葉集』巻第八）も万葉仮名だと読むのが難しいですね。

茜草指　武良前野逝　標野行　野守者不見哉　君之袖布流
（現代文表記）あかねさす　紫野行き　標野行き　野守は見ずや　君が袖振る

シュメール語の表語文字は日本語における漢字と同様，複数の読みをもっていました。そのため日本語のように，音節文字をその読みの補助として使う「おくりがな」や「ふりがな」があり，表語文字を音節文字表記（「かな書き」）することもありました。下記のシュメール語の文は，初めて楔形文字を見た隣国の王が，まるでくぎのようだと評する叙事詩の一場面です。翻字の下線部分は音節文字，上付き文字は限定符，それ以外の太字部分が表語文字です。

「エンメルカール王とアラッタの君主」539-540 行

〔翻字〕**en　aratta**^{ki}-$\underline{ke_4}$　　**im**-$\underline{ma}$　**igi**　$\underline{i}$-$\underline{ni}$-$\underline{in}$-**bar**　　**inim**-**dug**$_4$-$\underline{ga}$　　**gag**-$\underline{am_3}$
　　君主　アラッタ(地名)-の-が　粘土-に　目　彼が〜に向ける　言葉-言われた　くぎ-である
「アラッタの君主が粘土板を見た。言われた言葉はくぎであった[3]。」

---

[3] ハイフンは文字の区切りを示しています。地名のアラッタは，　　　　であらわされ，地名

は複数の読みを持っています。ここでも inim「言葉」と dug_4「言う」の2通りの読みで用いられていますが，2つめの文字は ga の後続により，読みが dug であることがわかります。ga と ma はいわゆるおくりがなになっています。万葉仮名表記の日本語と同じでどこが音節文字なのか一見わかりません。

　日本人は，助詞や助動詞といった文法要素を表記するために，表語文字の漢字から，音をあらわす音節文字であるカタカナ，ひらがなを発展させました。これは，日本語の表記として非常に優れています。漢字表記のほうがかな表記のばあいより意味理解の時間が短く，漢字仮名交じりであることにより，日本語は速読がより容易であると言われています。日本語のように3つの書字体系を日常的に書き言葉で使う言語は他には存在しません。一見，非効率な書記体系のようですが，ほかにはない利点ももっているのです。

　日本語は人口からいうと大言語ですが，英語のように広域で用いられる有力な言語ではありません。学校現場を見ていると，コミュニケーション手段としての英会話教育が進む一方，国語教育はおろそかになってきているのではないかと危惧されます。シュメール語やアッカド語のようなかつて大言語であったものも滅びるのです。万一，日本語が死語になったとき，失われるものは想像もつきません。それぞれの言語はそれぞれの独自の伝統文化，思想と分かちがたく結びついています。言語が失われるとき，単に1つのコミュニケーション手段が失われるわけではないことを肝に銘じなければなりません。まず，自らの言語を大切にし，ほかの言語に敬意を払い，ともに多様な文化を保持する必要があります。そのような多様性のなかにこそ，私たちの未来の可能性があるのではないでしょうか。

参 考 文 献
エヴァンズ，N.（2013）　大西正幸・長田俊樹・森　若葉（訳）『危機言語』京都大学学術出版会
呉人　惠（2011）『日本の危機言語―言語・方言の多様性と独自性』北海道大学出版会
クリスタル，D.（2004）斎藤兆史，三谷裕美（訳）『消滅する言語―人類の知的遺産をいかに守るか』中公新書
ディクソン，R. M. W.（2001）大角　翠（訳）『言語の興亡』岩波新書
宮岡伯人（1996）『言語人類学を学ぶ人のために』世界思想社
宮岡伯人・﨑山　理（編）（2002）『消滅の危機に瀕した世界の言語』明石書店

をしめす限定符（ki）が後続しています。この「アラッタ」が君主（en）を修飾するための属格接辞 k「〜の」と，他動詞主語の接辞 e「〜が」が，1つの音節文字 ke_4 で表記されます。粘土（im）に位格 a「〜に」が後続し，音節文字 ma であらわされます。動詞 bar のまえの i-ni-in- は動詞接頭辞です。言葉（inim），言う（dug_4）のあとに，接辞 a がありますが，音節文字 ga の文字が用いられています。最後の am_3 は繋辞で名詞述語を表示します。

9.2 言葉の値段 　　　　　　　　　　　　　　　　　　　　［森　篤嗣］

9.2.1 日本語の値段

　みなさんは日本語に値段があるということを考えたことがあるでしょうか。具体的に値段とまでいかなくとも，言語によって価値が高いとか低いとかということぐらいは考えたことがあるかもしれません。日本において価値の高い言語というと，なんといっても英語でしょう。例えば，大学で教えられている外国語を見てみると，一昔前までは英語・ドイツ語・フランス語でした。井上（2010）によると，2007年時点でも英語が一番であることに変わりはありませんが，二番手は中国語，続いてはフランス語・ドイツ語ですが，五番手の韓国語がフランス語・ドイツ語を追い越しそうな勢いであるというデータが示されています。2014年現在は韓国語が三番手に上がっているのではないでしょうか。日本の大学教育においては，六番手はスペイン語で，以下，ロシア語，イタリア語，ラテン語，アラビア語などが続きますが，ロシア語以下はごくわずかで，こうした言語を勉強したとしても，周りの人たちからは「勉強してどこで使うの？」と言われかねません。言語の価値は相対的なものですが，確実に「ある」のです。

　このようなデータからわかるように，市場価値という観点から見ると，「全ての言語が平等である」というのは建前に過ぎず，言語には値段があるということは理解できるでしょう。「日本語の値段」を書名とした井上（2000）では，言語の市場価値には，知的価値と情意価値があるとしています。日本の経済力が向上すると，比例して知的価値も上昇し，日本語学習者が増加します。一方で，多くの人が日本語を勉強すると，日本語を話せることが珍しくなくなるため，外国人が日本語を上手に話せるということの価値付けが相対的に低くなり，情意価値が下落するとしています。

　現在，日本の経済は停滞ないし低迷しています。つまり，日本語の知的価値はあまり上がることが期待できないと言えます。井上（2010）では，国立国語研究所の「日本語観国際センサス」という調査を基に，世界の諸言語の人気を推計し，英語が圧倒的で，次いで中国語・フランス語・ドイツ語・日本語・スペイン語・ロシア語という順位を出しています。ただし，「日本語観国際センサス」は1997年1月から1998年2月（日本は1998年7月）の調査です。2014年現在でも，日本語はこの人気を維持できているか，そして未来に至っては，人口減少時代と国際語としての英語の圧力を受け，人気どころか言語そのものを維持できるかを心配する必要があるのかもしれません。

9.2.2　日本語は保護すべきか

　先の議論に載せると，英語の値段は世界中で高く，日本でも極めて高いということになります。2012年には楽天やユニクロが「社内英語公用語化」に踏み切ったというニュースが話題になりました。学校教育においても，小学校では平成23年度から5～6年生に外国語活動が導入され，高等学校では平成25年度から英語の授業は原則英語でおこなうこととされました。さらに，平成28年度に施行が予定されている次期の学習指導要領では，小学校での外国語活動を3年生から始めること，教科化することも検討されています。また，中学校でも英語の授業は原則英語にするとしています。

　このような流れを見ていると，もはやグローバル化の波による英語中心主義は止めようがないようにも思えます。その場合，日本語はどうなってしまうのでしょうか？　津田（2013）は，日本には「日本語が国語である」ことを明言している法律がないことを指摘し，「日本語保護法」を提案しています。確かに現時点では，「英語でおこなう」としているのは英語の授業だけですが，これが他教科にも及び，小学校から「全ての授業は英語でおこなう」となった場合，日本語は本当に亡びてしまうかもしれません[4]。

　では，日本語は積極的に保護しなければならないのでしょうか。水村（2008）は多くの示唆をしていますが，日本文学の衰退ということが一つのテーマになっています。そう考えると，日本文学を保護すべきかどうかということに議論が移ります。前項の日本語の市場価値の観点から言えば，日本語の知的価値の衰退から日本語学習者が減少することが危惧されます。こう考えると，日本語学習者が減ると困るかということに議論が移ります。

　日本文学が衰退すると日本文学研究者が困るのと同じように，日本語学習者が減ると日本語教師や日本語教育研究者は困りますが，ここで問題なのはそういう特定の層だけが困るということではありません。日本語が亡びると，日本文化もアイデンティティも保持できないと考える日本人がどれくらいいるのかということにもよります。英語中心主義も日本語保護も，日本人だけではない日本語を使う全ての人々の考え次第です。しかし，言語を失うということは想像しにくいため，「失いたくない」ということを実感することは難しいかもしれません。あなたはどう考えますか？

---

[4]　「日本語が亡びるとき」という刺激的なフレーズは，水村（2008）によるものです。大変な話題を呼びました。

参考文献

井上史雄（2000）『日本語の値段』大修館書店
井上史雄（2010）「『日本語の値段』その後」『季刊　ジャネット』54，pp.1-2，スリーエーネットワーク
津田幸男（2013）『日本語を護れ！』明治書院
水村美苗（2008）『日本語が亡びるとき―英語の世紀の中で』筑摩書房

9.3　外国語を見る　Before & After　　　　　　［定延利之］

自分の中で納得できたら，一つずつチェックボックスにチェックしていこう。

Before
- □「一郎と二郎と三郎」のように，名詞を羅列する時に現れる「と」は，名詞をつなぐためのものだと思っている。思っているというか，疑ったことがない。
- □「一郎と二郎と三郎」のように，名詞と名詞のスキ間にまんべんなく「と」が入るのは当たり前だと思っている。というか，当たり前過ぎて何も感じない。
- □「君と僕とでがんばろう」の2番目の「と」は，きっと語調を整えてリズムをよくするために現れたんだろう。
- □英語では"一郎, 二郎, and 三郎"のように，"and"が最後のスキ間にだけ現れるけど，これは，考えてみるとちょっとおかしいというか，えーっと，そういうことを考えてると英語が上達しないんじゃないの。「習うより慣れろ」でしょ。

> ラテン語では「一郎と二郎」は"一郎　二郎 que"だ，と知りました。

After
- □へー，"que"（クエ）は名詞と名詞のスキ間に入らないんだ，こういうのもアリなんだと気づく。
- □名詞と名詞のスキ間にまんべんなく「と」が入るのが当たり前，という信念にヒビが入る。
- □結局，"que"みたいなのは，最後の名詞（上の例"一郎　二郎 que"なら"二郎"）にひっついて，その名詞の後に現れているだけだと気づく。
- □英語の"and"も，最後の名詞（先ほどの例"一郎, 二郎, and 三郎"なら"三郎"）にひっついて，その名詞の前に現れているだけだと気づく。そうか，ラテン語の"que"も英語の"and"も，最後の名詞にひっついて現れるのだ。現れる位置は名詞の前か後かで違うけれども，基本的に同じだ。
- □日本語の「一郎と二郎と三郎」は，ちょっとおかしいんのではないかと思い始める。「と」は名詞をつなぐためのもの，うーん，今まではそう信じて疑わなかったんだが…
- □日本語の「一郎と二郎と三郎」は，最初の名詞（「一郎」）や2番目の名詞（「二郎」）

にはひっついて，（それらの名詞の後に）現れるけれど，最後の名詞（「三郎」）にだけはひっつかないと気づく。これは，最後の名詞にだけひっついて現れるラテン語の"que"や英語の"and"の，ちょうど裏のパターンだ。
□日本語の「と」も，ラテン語の"que"も，英語の"and"も，最後の名詞を特別扱いしている点は同じだと気づく。これまで幼少期からずっとうっすら感じていた，英語の"and"への違和感がなくなる。なーんだ，「と」と似たようなもんじゃん。
□しかし，それにしても不思議だ。なぜ，最後の名詞が特別扱いされるのか？
□そもそも，不思議ではないパターン，当たり前のパターンとは何だろうと考え，すべての名詞にワケヘダテナクひっついて現れるパターンがそれだと思い当たる。「君と僕とでがんばろう」こそがまさにそれだと気づく。おお，そうだったのか。今まで，すまんすまん。
□「一郎とか二郎とか三郎とか」「一郎やら二郎やら三郎やら」など，ワケヘダテナク現れる類例がいろいろあることに思い当たり，これぞ当たり前のパターンだったのだとさらに納得する。
□「語調を整えてリズムをよくする」という理屈がマヤカシだったとハッキリする。今さらだけど，こんな理屈で心底納得なんて，してなかったんだよね。
□当たり前のパターンは当たり前である。しかし，人間は時として「最後の名詞を特別扱い」という，当たり前でないことをする。これはどういうことなのか？ 探求はさらに続く。
□「水を最後まで見つけられない生き物は魚」という英語の諺に思い当たる。いつもその中で暮らしていると，それが当たり前に思えてしまう。日本語の不思議さを最後まで見つけられないのは，日本語の世界に暮らす私たちである。日本語の不思議さを見つけるには，他言語の不思議さを見つけて，我が身を振り返ればいい。
□とにかく，ラテン語という言語がこの世にあって，しかもちゃんと記録されていて，よかった。

【ディスカッション】
　次の①②③（すべて私が現実に耳にした意見です）の当否の検討を通して，「これからの言語研究」について考えてみよう。

　①危機言語を守れ，保存せよというのは，言語研究者のエゴである。言語は何よりも，市井に生きる無数の人間たちのものである。言語が死ぬのも，そうした人間たちの，別の言語に乗り換えなければやっていけないという身を切るような判断によるもので，これは仕方がないことである。危機言語は言語研究者が勝手に調査すればいい。危機言語の保護云々を一般人にさせようと仕向けるのはおかしい。
　②これまでよく研究されている日本語にしても，新しいことばや言い方が生まれ，地域に伝わり世代に継承され，古いことばや言い方が廃れていく，そのありさまをくまなくとらえるには，まだまだ調査の必要がある，というのは，日本語研究者のエ

ゴである。ほとんど誰にも研究されないまま死滅しようとしている危機言語が世界には沢山あるのだから，今後調査すべきはまずそういう言語であって，日本語ではない。

③そもそも，日本語はもうほぼ研究し尽くされている。残っている部分があるとすれば，それに重箱の隅をつつくような研究でしかない。学問的に見て，日本語の研究に将来性はない。

参考文献

井上　優（2001）「日本語研究と対照研究」，日本語文法学会（編）『日本語文法』第 1 巻第 1 号，pp. 53-69．くろしお出版
井上　優（2002）「「言語の対照研究」の役割と意義」，国立国語研究所（編）『日本語と外国語との対照研究 X　対照研究と日本語教育』pp. 3-20
梶　茂樹（1993）『ことばを訪ねて アフリカをフィールドワークする』大修館書店
定延利之（2000）『認知言語論』大修館書店
定延利之（2006）『日本語不思議図鑑』大修館書店
真田信治（2001）『方言は絶滅するのか 自分のことばを失った日本人』PHP 研究所
中川　裕（1995）『ことばを訪ねて アイヌ語をフィールドワークする』大修館書店
Tsunoda, Tasaku (2006) *Language Endangerment and Language Revitalization*. Berlin; New York: Mouton de Gruyter

第10課 危機方言—方言フィールドワーク

10.1 方言調査の実際　　　　　　　　　　　　　　［下地理則］

10.1.1 はじめに

　方言調査はフィールドワーク抜きには語れません。なぜなら，多くの場合，方言調査を行う研究者はその方言の母語話者ではなく，またその方言は現地に行かなければデータをとることができないからです。

　フィールド言語調査ではおおまかに以下の2つのタイプの調査法を駆使します。まず，母語話者を被験者とし，調査票などを使って話者からピンポイントにデータを引き出すエリシテーション調査です。次に，その言語の自然な言語活動を観察するために，あるいはその言語の特定の現象がどのようなコンテクストで使われるかということを観察するために自然談話を分析するテキスト調査です。

　本節では，まず現在の方言研究で最もよく使われているエリシテーション調査について詳しく解説します。その解説を通して，この方法だけに頼って研究することの限界や危険性について述べます。そして，理想的にはテキスト調査を積極的に取り入れることが重要であること，そしてテキスト調査をまず行ってからエリシテーション調査をやることが調査を成功に導くことを示したいと思います。

10.1.2 エリシテーション調査とは何か

　概して，エリシテーション調査は調べたい現象（ターゲット）あるいはターゲットの振る舞いに的を絞り話者から情報を引き出すという極めてわかりやすい調査法のように考えられているようです。しかし，フィールドワークに慣れていない調査者や，まったく新しい方言に取り組む調査者にとって，エリシテーション調査は実はハードルが高く，安易にこの方法に頼ることは危険です。特に，生身の人間の（しかも他人の）内省にアクセスする過程で生じるミスコミュニケーションやミスリードの危険性が常にあります。この点について，具体例をもとに考察してみましょう。九州方言や琉球方言の中には主語につく格助詞としてガ系とノ系の2種類を持つ方言があることが知られています。ここではその典型例として熊本市方言を取り上げます。さて，調査者が今，どんな場合にガがつき，どんな場合にノがつくかを調べるためのエリシテーション調査を実施しようと考えた

10.1 方言調査の実際

とします。

a. 仮説がなければはじまらない

まず立ちはだかる問題は，どうやって仮説をたてればよいか，という問題です。エリシテーション調査は，ある仮説をもとに，それを検証するために話者に働きかける調査法ですから，なんらかの仮説が必要です。例えば，ガとノの交替が主語名詞の意味特性（人間なのか否かなど）によって決まるという仮説があれば，それに適したエリシテーション調査をデザインする必要があります。すなわち，「主語__述語」（__はガないしノ）というフレームを使って，述語を固定したうえで主語をいろいろな名詞に変えていく，というような調査が必要でしょう。このように，ターゲットの振る舞いについてなんらかの仮説がなければエリシテーション調査はデザインできないので，何の準備もなくいきなりエリシテーション調査にとりかかることはできません。

b. 翻訳型調査とその問題点

なんらかの方法で仮説を設定できたとして，次に生じる問題は，どうやって仮説を検証するか，という問題です。すでに見たように，ガとノの交替の要因が主語名詞の意味特性にあるという仮説にたったとします。この場合，上で見た「主語__述語」というフレームを使うことになるわけですが，ターゲットを含む文をどうすれば効果的に引き出せるでしょうか？ まず，媒介言語（共通語）の例文を調査対象言語（方言）に翻訳してもらう翻訳型調査をすぐに思いつくことでしょう。例えば，「X がいる」という文を作例し，それを熊本市方言に翻訳してもらうわけです。これによると，「私がいる」は「オッガオル」となることがわかり，「猫がいる」は「ネコノオル」ないし「ネコガオル」というふうに2種類許容されることがわかります。

翻訳型調査は，媒介言語の例文を用意すればいいので，調査対象言語に慣れていない者にとっては調査票を作りやすいというメリットがあります。しかし，方言研究の場合，翻訳型調査には大きなリスクがあります。それは，媒介言語（特に共通語）の干渉です。媒介言語である共通語と調査対象言語である方言の構造が類似しているために，両言語の混交や干渉が容易に起こるわけです。例えば，「X がいる」という文を訳してもらう場合，本来「X ノオル」となるところに，部分的に共通語と同じ構造（すなわちガ格）を使用して「X ガオル」と訳す可能性があります。「猫がいる」がガとノを許容するという事実は，翻訳型調査をしたために生じた媒介言語の干渉という可能性があるのではないか，という懸念が生じ，この翻訳型調査に頼る限りその懸念を払拭することはできません。

c. 判定型調査とその問題点

では，調査法を変えて，「『ネコノオル』が正しいですか？『ネコガオル』が正しいですか？」というふうに，調査対象言語を使ってターゲットの文法性判断を引き出す調査（判定型調査）を試したらどうでしょうか？すでにみた翻訳型と違い，方言の構造を使った例文である点で一歩改善されたように見えますが，実はこの場合にも2つの大きな問題があります。

まず，提示する例文が単純すぎる（コンテクストをともなわない）という問題です。言語現象の中には，アクセントや単語の内部構造など，コンテクストとは無関係に文法性が定まる場合もありますが，ほとんどはコンテクストに応じて文法性が決まります。したがって，コンテクストから切り離された状況における文法性判断と，コンテクストつきの文法性判断は異なる場合があるのです。共通語で，「雨が降った」と「雨は降った」は両方文法的ですが，コンテクストによって使い分けが生じます。通常，コンテクスト抜きで文法性判断をせまられたら，その話者が言語学的内省の「訓練」を受けていない限り，おそらく「雨が降った」のほうが自然であると答えるでしょう。なぜなら，日常のコミュニケーションにおいては，その種の表現を使うコンテクストのほうが多く，耳になじんでいるからです。しかし，「雪は降らなかったが，＿＿＿＿」というコンテクストを与えられたら「雨は降った」が自然に聞こえてくるはずです。調査者がこの事実に気付かず，「ガ」と「ハ」の選択においてコンテクストは無関係であるはずだ，という勝手な想定をたて，単純な例文をもとにいずれの表現が文法的かを話者に問うとしたら，そもそもそれは的外れな問いになっているわけです。

実は，今挙げた共通語の例と同様に，「ネコノオル」と「ネコガオル」はコンテクストによって容認度が変わります。「ネコ」に焦点をあてて発話する場合（例えば「犬じゃなくて猫がいる」といいたい場合）は「ネコガオル」を選好し，そうでない場合（例えば「さっきから外を見てるけどどうしたの？」に対する答え）は「ネコノオル」を選好します。コンテクスト抜きに両者の文法性を判断せよと問われたら，おそらく（存在表現として後者のコンテクストとの相性のよさから）「ネコノオル」のほうが自然だと回答するかもしれません。

判定型調査のもうひとつの弱点は，ある表現について話者が「可能だ」「不可能だ」と判定するとき，その意味を調査者が誤解する可能性が高いという点です。調査者が意図しているのは「文法的」か「非文法的」かという判定（文法性判断）であったとしても，話者側は必ずしもその意味で「(ある表現が) 可能だ」「不可能だ」と言っているわけではないということです。ある表現が可能だ，といって

いる話者は，ひょっとしたら「違和感はあるが，君は母語話者じゃないのにこれだけできれば十分合格だ」という意味で使っているかもしれません．ある表現が不可能だ，という場合，「そのコンテクストでは不可能だ」かもしれませんし，「その発音は変だから不可能だ」かもしれないのです．

d. 描写型調査とその問題点

翻訳型でも判定型でもないエリシテーション調査の方法としてよくとられる方法は映像や画像を自由に方言で描写してもらう描写型の調査です．例えば，猫が座っている画像を話者の側だけにみせて，「調査者に，何が描かれているかわかるように描写してください．」という指示を出すのがこの種の調査にあたります．これにより，共通語の干渉という問題や文法性の判定に関わる文脈無視の危険性，および判定に関する誤解を回避できます．しかし，描写型にも大きな欠点があります．この調査法は，これまで見た翻訳型や判定型と違い，話者の側の自由度が一気にあがります．したがって，仮説検証において不可欠な固定フレーム（上の例でいえば「主語＿述語」）の使用ができなくなるうえに，ターゲットがそもそも出てこない可能性すらあります．例えば，上に見た主格助詞のガとノの交替をターゲットとして調査しているときに，猫が座っている画像を話者に描写してもらっても，話者が猫を主語に置いて文を組み立てるとは限りません．よって，描写型の調査は，話者からターゲットをピンポイントに効率的に収集することを目的として行われるエリシテーション調査としては失敗に終わる可能性が高いといえます．

10.1.3 テキスト調査を取り入れよう

上で見てきたように，一見，エリシテーション調査は簡単で一番近道の調査法のようでありながら，仮説を検証するためにさまざまなリスクに気を配りながら，かなり神経質に調査を進める必要があるということが分かったと思います．

記述方言学的研究を始めるうえで最も堅実な方法は，ターゲットにいきなり迫るのではなく，ターゲットがその方言の自然な発話の中でどのような振る舞いをするかについて観察し，帰納的一般化を行う十分な期間を設けることです．すなわち，テキスト調査の時期が，方言調査の最初期において必須だといえるのです．

話者の自然な言語運用を観察していると，ターゲットを含んだ文がいくつも見つかるようになるでしょう．豊かな文脈の中で使われているターゲットの振る舞いをじっくり観察することで，ある程度の「あたり」をつけたうえでターゲットの振る舞いに関する仮説を立て，仮説の検証を可能にするエリシテーション調査

をデザインするという流れが効果的なのです（図 10.1.1）。

図 10.1.1 フィールド調査の流れ

　もちろん，あるターゲットを調べようと思って談話を観察するとき，すでに何らかの注目ポイントを持っていることが普通です。すでにみた主語のガとノの交替現象を再び例にとると，談話の中に生じるガとノをみる上で，主語名詞句の有生性に注目することや，述語のタイプ（動詞述語か名詞述語か），待遇（敬意ありかなしか）など，注目すべき点は他方言の類似現象の記述の成果に見つけ出すことができます。しかし，談話をみていると，それらの注目ポイントを考察するだけではうまくいかない場合が出てくるものです。そしてそのようなときこそ，有意義な疑問を設定できるチャンスであり，的を射た調査票を作るきっかけになるのです。

　談話データには，ターゲットが生じる確率をコントロールしない（できない）という特質があります。したがって，ターゲットの出現頻度を問題にできるという点も談話データの強みです。ターゲットが特定の環境に偏って生じる場合，それはなぜなのか，という問題を，共起する環境の共通点やコンテクストに目を配りながら探っていき，仮説をたてることができるでしょう。最終的に，特定の環境に生じやすいのがなぜなのか突き止められないにせよ，客観的な事実としてその傾向を示すことには記述的価値が十分にあり，後続の研究を刺激する点でも価値があります。

　テキスト調査は，まず自然談話の収集からスタートします。自然談話とは，調査を意識せず通常と同じように行われた言語活動のことです。数分で終わる物語から，数十分続く語り・会話までさまざまです。当該言語の言語活動を十分に反映したサンプルにするために，なるべく幅広い種類の自然談話を収集します。実は，うえで見た描写型の調査はすでにこの自然談話の収集につながる調査法であり，ターゲットを効率的に引き出すうえでは効果的ではない一方，話者の自然な言語運用を見ることができる点では効果的だといえます。録音した自然談話は丹念に文字起こしをする必要があります。そのうえで，ターゲットを検索しやすくするために，形態素に分解する必要もあるでしょう。例えば，西日本方言で広く見られる「ヨル」「トル」を調査対象項目にしているなら，談話の中に生じる「ホ

ンヨンドッテ」という発話部分を hon yom-tor-te というふうに形態素の基底形に分析します。こうしておけば，yondotte という表層形に対して -tor で検索することが可能になります。

テキスト調査の弱点は，negative evidence（「～は存在しない」という証拠）にアクセスできないという点につきます。つまり，テキストデータには基本的に「文法的な文」しか出てこないのだから，「非文法的な文」がどのようなものかを確かめるためには，別のデータを使う必要があるのです。そこで，自分で例文を作って，あるいはテキストから抜粋した例文の一部を何かに入れ替えて，自分が予測する形式が話者に許容されるか，また予測されない形式が話者に許容されないかをテストする方法，すなわちエリシテーション調査が必要になるわけです。

10.1.4 おわりに

ここまで，方言調査で用いる2つの主要な調査法（エリシテーション調査とテキスト調査）について概観するとともに，これらを組み合わせるうえでの注意点を述べてきました。どちらの調査法も強みと弱みがあり，いずれも補い合う形でうまく使っていく必要があるのです。

10.2 方言研究と社会貢献　　　　　　　　　　［小林　隆］

10.2.1 方言の記録を残す

方言研究にとって，どのような社会貢献が可能でしょうか。このテーマについて，ここでは，東北大学方言研究センターが進めている東日本大震災をめぐる活動を中心に考えてみることにします。被災地の方言を取り巻く状況は，方言研究の社会貢献という点で，さまざまな課題があることを教えてくれます。

さて，東日本大震災によって東北の被災地では地域コミュニティが崩壊し，多くの人々が他地域へと避難を余儀なくされました。共通語化に加え，こうした震災の影響が，被災地で話される方言の衰退を加速させるのではないかと予想されます。

このとき，被災地の人々が方言の消滅を惜しみ，これからも方言を残していきたいと考えるならば，方言研究はそれに応えることが必要になってきます。しかし，地域住民が方言の存続を望まず，むしろ共通語化を歓迎しているとすれば，「方言を残そう」という考えは研究者のエゴであり，一種の押しつけになってしまいます。東北地方の場合，方言存続に対する地域住民の意識は，沖縄などに比

べてかならずしも強くはありません。ただ、それは、東北地方が早くから東京中心の社会圏に組み込まれ、共通語の権威に従ってきたために、自らの方言の価値に気付きにくかったという事情があるようです。もしそうならば、方言研究に与えられた課題は、まず、方言の言葉としての価値を、地域の人々に理解してもらうことであると言えます。

　もっとも、そうした努力をしているうちにも、方言の衰退は進んで行きます。地域住民が方言の価値に気付き、子孫に継承しようという気運が高まった頃には、その方言はほぼ消えかかってしまっているという事態も想像されます。したがって、今のうちに、方言の充実した記録を残しておくことが必要です。そうした課題に応えるための一つの方法として、被災地では方言会話の記録が進められています。東北大学方言研究センターでは、日常生活のさまざまな場面を切り取った会話の収録を行っており、それによって、実際の地域生活の中で、方言がどのように使用されているかを後世に伝えようとしています。

10.2.2　コミュニケーションギャップを解消する

　方言の記録は十分な時間をかけて取り組むべきものですが、被災地では緊急を要する課題も見つかります。今回の震災では、被災地に全国各地から大勢の支援者が集まりました。ところが、支援の現場では、他地域から駆けつけた支援者が、地元の人々の方言を理解できずにとまどうというケースが見られたのです。

　東北大学方言研究センターが調査した宮城県気仙沼市でも、そうした被災者と支援者のコミュニケーションギャップは生じていました。例えば、仮設住宅の申し込みに来た人が「ししおり（鹿折）」「しびたち（鮪立）」といった地名を「ススオリ」「スンビダズ」と発音するために、役場に派遣された支援職員が、なかなか地名を特定できないといった事態が起こっていました。また、ボランティアからは、がれきの処理などの際に使われる「ナゲル」という語が、最初「捨てる」の意味だと気づかず不審に思ったという話も聞きました。

　こうした問題に対して、東北大学方言研究センターでは、即効性のある方策として方言パンフレットの作成に取り組みました。気仙沼に来る支援者向けに、現地の方言を解説するためのパンフレット『支援者のための気仙沼方言入門』を作ったのです。このパンフレットは見開き4ページの薄いもので、折りたたんで携帯できるように最低限必要な方言情報のみを盛り込みました。これは、同センターのWebサイト「東日本大震災と方言ネット」でご覧いただくことができます。

　それにしても、私たちが作成できたのはこの気仙沼バージョンのみで、他の地

域についてはまだ手付かずの状態です。考えてみれば，こうしたパンフレットは災害が起きてから作るのでは遅く，あらかじめ用意しておくことが大切でしょう。それも，今回の被災地に限らず，災害の可能性のある地域，おそらく日本全国で準備することが必要と思われます。そうなると，それはもう一部の研究者のみでは難しいことは目に見えています。このようなパンフレット作りを広めるためには，各地の自治体や地域の住民との連携が欠かせません。それどころか，本当に役立つ，生きたパンフレットにするためには，その地域の方言のことを一番よく知っている住民と，実際にパンフレットを管理・配布する自治体とが主体となることが望ましいでしょう。そして，そこに研究者が関わるようなしくみができあがれば，パンフレット作りも実質的な効果が期待できると考えられます。

10.2.3 方言で応援する

言葉の役目とは，考えたことや感じたことを相手に伝えるということでしょう。ところが，現代の方言は，そうした言葉としての本業は共通語に任せてしまい，心理的なメッセージの伝達へとその役目を変えつつあります。つまり，仲間意識や親しさといったものをアピールするために発せられることが多くなってきました。方言は今や，相手との心理的な距離を縮め，一体化を図るために使われているのです。

そして，今回の震災では，こうした現代的な方言のあり方が被災者の心の支えとなっているようです。こんなことがありました。私たちの活動について市民向けの報告会を開いた時，ある被災者の方が次のような発言をされました。

> よく「がんばろう宮城」とか「がんばっぺ宮城」などといったスローガンを目にします。私は，共通語の「がんばろう」という文字を見ると，ときどき腹が立つんです。何ががんばろうだ，これ以上何をがんばれというんだ，と思うんです。でも，「がんばっぺ宮城」とか「負げねぞ宮城」と方言で書いてあると，「んだんだ，負げねえ！」と思うんです。

このような個人の発言だけでなく，気仙沼市で実施したアンケート調査からも，共通語より方言のスローガンに親近感が湧くという人々が多いことがわかっています。「がんばっぺ」「負げねぞ」といった言葉に励まされるというのは，方言が心理的な効果を発揮していることの証です。被災地の人々にとって方言とは，お互いの心をつなぐ言葉であり，まさに「絆」としての役割を担っているのです。

それでは，こうした方言の機能を支援に結びつけるにはどうしたらよいでしょ

うか。例えば，宮城県名取市の「方言を語り残そう会」の取り組みが参考になります。この会では，毎週，仮設住宅を訪問し，昔話の会や方言教室などを開いています。そこには，地元の支援者と被災者とが一体となって復興を目指すという姿勢が強く現れています。また，東北大学方言研究センターでは，Webサイト「東日本大震災と方言ネット」の中で，被災地の方言会話を配信しています。これは遠方に避難した被災者にもふるさとの方言に接してもらおうという意味が込められています。

被災地の人々が慣れ親しんだ生活語としての方言に少しでも接する機会を提供することは，被災地への支援の一環として重要と考えられます。

参 考 文 献
井上史雄他（2013）『魅せる方言―地域語の底力―』三省堂
櫛引祐希子（2013）「方言による支援活動」『国語学研究』52，148-159
小林　隆（編）（2007）『シリーズ方言学3　方言の機能』岩波書店
小林　隆・内間早俊・坂喜美佳・佐藤亜実（2014）「言語行動の枠組みに基づく方言会話記録の試み」『東北文化研究室紀要』55，1-35
竹田晃子（2012）「被災地域の方言とコミュニケーション―東日本大震災を契機にみえてきたこと―」『日本語学』31(6)，42-53
東北大学方言研究センター（2012）『方言を救う，方言で救う―3.11被災地からの提言―』ひつじ書房
明治書院（2012）『日本語学』31(6) 特集「災害とことば」，明治書院

Webサイト
東北大学方言研究センター「東日本大震災と方言ネット」（http://www.sinsaihougen.jp/）
文化庁「消滅の危機にある方言・言語」（http://www.bunka.go.jp/kokugo_nihongo/kokugo_sisaku/kikigengo/）

10.3　言語と方言の違い　　　　　　　　　　［森　篤嗣］

　2009年2月に国際連合教育科学文化機関（ユネスコ）が発表した消滅危機言語のうち，「きわめて深刻」と評価されたアイヌ語はともかく，「重大な危険」とされた沖縄県八重山語・与那国語，「危険」とされた沖縄県の沖縄語・国頭語・宮古語，鹿児島県奄美諸島の奄美語，東京都八丈島の八丈語などについては，「○○語」として挙げられていますが，誰もが「それは言語じゃなくて方言じゃないの？」という疑問を持つことでしょう。その疑問は正しく，言語と方言の境目は極めて曖昧かつ，政治的に影響されることもあるのです。

　言語学的に言えば，同じ言語かどうかは，音韻・形態・語彙・文法などの一致度が基準になりますが，コミュニケーションという観点から言えば「意思の疎通

が図れるか」が基準となります。あとは言語的に共通性が高く，意思の疎通が図れても，あまりに遠方にあるものを同じ言語と規定するのには無理がありますので，地理的な連続性も重視されます。具体的な例で考えてみると，日本の場合は，一般的には「関西方言」とは言っても，「関西語」ということはあまりありませんので，冒頭に挙げた例のように，一地方の言葉はあくまで方言であり，「○○語」と呼ぶことに抵抗があるのです。しかし，中国の場合，「広東語（広東話）」とも「広東方言」とも呼ぶことがあります（もしくは「粤語／粤方言」とも）。この点で日本とは認識が異なります。普通話（国語）と広東話（広東語）は，音韻・形態・語彙・文法は大きく異なり，話し言葉での意思の疎通も難しいことが知られています。

　このように，言語か方言かを考えるには，「国」という概念，ないしは政治的な背景抜きで語ることは難しいと言えます。結局のところ，言語か方言かという区別は，連続性のある対象にどのように線を引くかという問題であり，言語学全体を通じて随所で共通する課題でもあります。言語も方言も，ある固有の集団が持つ文化そのものであると考えれば，線を引く権利を持つのは言語学者ではなく，もちろんユネスコでも国でもなく，そこに住む人々なのだということになります。

第11課 電子アーカイビング

11.1 記述研究と電子アーカイビングの関係　　　［下地理則］

11.1.1 アーカイビングとは

　言語研究におけるアーカイビングとは，言語データを半永久的に記録保存するためのあらゆる活動のことを指します。言語データのアーカイビングは1990年代後半から特に注目されはじめ，今では言語学における主要なトピックのひとつになっています。それは，世界中で起こっている少数言語の消滅の危機（詳しくは第9課参照）が言語学全体の問題として議論されているからです。日本語研究もそれと無縁ではありません。なぜなら，日本には無数の地域方言があり，それらは間違いなく消滅の危機に瀕しているからです。UNESCO は日本国内に8つの消滅危機言語・方言が存在すると指摘していますが（アイヌ語，八丈島方言，琉球列島の諸方言），日本各地の方言を研究するフィールドワーカーたちは，それ以外のすべての地域方言も同様に消滅の危機にあることを肌で感じています。

11.1.2 アーカイビングと言語記述

　アーカイビングは，言語体系ないしその一部を記述すること（言語記述）とは異なります。記述は，混沌としたデータを体系的に整理する作業であり，最終成果（文法書，辞書など）の質が問われる成果物重視型（product-oriented）の作業です。一方，アーカイビングは，むしろ記述のもとになる「データそのもの」（録音データ，書き起こした談話データ，語彙データ，容認度判定のデータ，映像データ，写真データ，etc.）の質を重視します。すなわち，素材重視型（material-oriented）の作業です。素材を重視するとは，その素材が「いつでも」利用可能なように一定の場所に保管されていて，かつ一定のフォーマットに従って整理されており，「だれでも」利用可能で，「いつまでも」利用可能であるということです。

　少数言語の記述研究では，まず学問的な意味において，その言語のトータルな記述を示すことが重視されており，少数言語の研究者の究極の目標として，辞書・文法書・自然談話資料の「3点セット」の作成が掲げられてきました。一方，少数言語の研究者たちは，自らが研究している言語が消滅の危機にあることをよく知っており，3点セットを作成することはその言語の半永久的な記録にもつなが

るのだと考えています。このように，記述言語学の伝統において，少数言語の記録保存の取り組みは3点セット作成と同一視され，学術的研究と不可分のものとみなされてきたと言えます。

しかし，1990年代後半に，こうした従来の記述言語学的方法論を再考する気運が高まり，冒頭で述べた記述とアーカイビングを厳密に区別する必要性が説かれ始めました。なぜなら，伝統的な記述研究においては，データはあくまで副次的な産物であり，したがって消滅危機言語に関して特に重要なデータの汎用性（誰でもアクセス可能にする工夫）と永続性（いつまでもアクセス可能にする工夫）の問題がなおざりにされてきたからです。その結果，貴重なデータが各研究者の独自のやり方で管理され，その研究者しかアクセスできず，またデータの保存状況もまちまちである，といった状況が当たり前になっていました。例えば，あくまで自分の研究用のデータであるとの意識から，録音したデータの公開許可を話者からとることは一般的ではありませんでした。また，録音したデータをどのようなフォーマットで保存するかという問題についても，研究者個人の問題とされてきました。これはデータの永続性の点で重大な問題があります。実際，20年前くらいまではカセットテープやDATによる録音が主流でしたが，現在，カセットレコーダーやDATレコーダーを入手するのは困難になりつつあります。これらのフォーマットで保存した言語データを「救出」する作業（すなわち，電子データ化する作業）が必要になっています。電子化されたデータでさえ，現時点（2014年）で広く流通している音声データフォーマット（.wavや.mp3など）が20年後に流通しているとは限りません。

扱う言語がいつ消滅するかもしれない少数言語であるからこそ，記述の過程で生じるデータについて，汎用性・永続性の担保を考慮することはきわめて重要であり，また法律面・倫理面・技術面における高度な知識も要求されるのです。そこで，3点セットの作成を目指す記述言語学に対して，新たに記録言語学（documentary linguistics）という領域の確立が必要であるとの認識が強まっています。記録言語学は，それまで副次的産物とされた言語データに焦点を当て，その汎用性と永続性の担保を目指す学術領域であり，また汎用性・永続性の高い言語データの実際の利用（学際的利用や話者コミュニティへの還元）についても提案を行います。記録言語学は，記述研究と渾然一体となっていたアーカイビングの取り組みを独立させ，アーカイビングの方法論の整備とアーカイブの実際の使用を扱う新しい研究分野なのです。

言語記述とアーカイビングを独立させることは確かに必要なことであり，その

おかげで言語データの永続的利用や汎用性が担保される可能性が飛躍的に高まりました。しかし，記述と記録の分化という考え方が独り歩きすると大きな問題を招きます。それは，「記述よりも記録」といった誤解です。しかし，のちに述べるように，しっかりした記述がなければ，高音質の録音データや高画質の録画データも全く役に立ちません。本節では，アーカイビングの技術的な詳細や展望を議論するのではなく，「記述よりも記録」という誤解に至らないように，アーカイビングと言語記述の相互依存性について冷静に考えてみたいと思います。

11.1.3 言語データの ROM 化

消滅危機言語のアーカイビングにおける最大の問題は，言語が消滅してしまった後にはデータに注釈（形態素の意味やその他有益な情報）を加えることがほぼ不可能になるという現実です。なぜなら，話者が不在という状況では，注釈を加えるために必要な調査や確認ができないからです。これを「言語データの ROM（読み出し専用メモリ）化」の問題と呼んでおきましょう。残念ながら，記録言語学や危機言語研究全般の動向として，言語データの ROM 化の問題は，データの音質や画質の問題，フォーマット・互換性の問題ほど重視されていないようです。あるいは，生の録音や録画データさえうまくとっておけば，あとで注釈を施すことが可能であるという楽観的な予測があるのかもしれません。確かに，消滅の危機にある言語を扱ううえでは，丁寧な注釈情報をほどこして少量のデータしか残せないよりも，注釈が不完全であっても大量のデータを保存することのほうが，アーカイビングとして正しい選択のようにみえるかもしれません。

ところが，注釈情報のない一次データ（録音）や，一次データに対する簡単な自由訳がセットになった二次データがいくらあっても，それらを後世の研究者が研究目的で利用することはほぼ不可能だと考えられます。なぜなら，それらのデータからは言語単位（単音，音節，形態素，語，句，節など）やカテゴリー（品詞や述語成分など），形態素ごとの意味を分析することができないからです。アーカイブから上記のデータを取り出した研究者は，聞いた録音の音声連続を音韻解釈して音素の連続に分けて文字化し，形態素境界を入れ，単語と単語の間にスペースを入れる，といった作業をしなければいけません。形態素には，その意味や文法カテゴリーを記しておく必要があります。こうした単位やカテゴリーの切り出しは，生の発話データを単に聞くという一種類の，一方向的な経験でできるものではなく，語彙調査や面接調査における話者とのやりとりや，話者と共同で談話の書き起こしを行う過程で生じる気づきなど，数えられないほどの経験を通

して，徐々に可能になるものです．しかも，その過程には無数の修正や再分析が生じます．そして，その経験が凝縮されたものが注釈情報なのです．注釈情報は，後世の研究者に自らの調査の経験や記述の結果をバトンにして渡す役割を持っています．

11.1.4　言語データに注釈を加える作業

では，言語データに注釈を加える作業とは具体的にはどのようなものなのでしょうか？ 通常，一次データは音声データであり，それに対して加えられるあらゆる情報の追加が注釈だと考えられます．例えば，音声データを国際音声記号で書き起こした場合，それも一次データへの注釈です．また，音声データの収録日や調査対象者についての情報（データについてのデータ，すなわちメタデータ）なども注釈です．

今，あなたが「絵を描きました」という日本語の発話をある話者から録音したとしましょう．それに対して，さまざまな注釈を施した結果が以下の (1) です．注釈が全くない発話データそのものを Level 0 とすると，それに対してさまざまなレベルの注釈が施されていることがわかります．

(1) 例文への注釈のレベル

Level 0：録音データ	（（「絵を描きました」という発話）	
Level 1：音声表記	（例 eokakʲimaɕita）	対象言語
Level 2：音素表記	（例：eokakimasita）	（表示）
（Level 2'：現地表記）	（例：絵を描きました）	
Level 3：形態素分析（異形態）	（例：e = o　　　kak-imas-ita）	
Level 4：形態素分析（基底）	（例：e = o　　　kak-mas-ta）	
Level 5：グロスづけ	（例：picture = ACC　paint-POL-PST）	翻訳言語
Level 6：全文訳	（例：'(I) painted a picture.'）	（解釈）
Level 7：その他の注釈情報	（例：*kak-* also designates 'write'）	
Level 8：メタデータ	（例：20140912_elc_TY_ac）	属性

一次データに対して必要な注釈のセットに関して，世界共通のスタンダードが存在するわけではありませんが，(1) で挙げた注釈情報のセットはどの言語のアーカイブにおいても重要なものです．(1) では，発話データに対して3種類の注釈情報群が付与されているのがわかります．まず，アーカイブ化の対象言語（上で

は日本語）そのものの表示に関する注釈情報です．対象言語の正確な音声表記（Level 1），音素表記（Level 2）および現地表記（もしあれば），そして音素表記にもとづく形態素分析（Level 3, 4）です．次に，アーカイブを利用する者（研究者，現地コミュニティなど）が理解できる翻訳言語による注釈情報があります．形態素ごとのグロス（Level 5）と全文訳（Level 6），追加の情報（Level 7）がそれにあたります．これらは，表示された対象言語を解釈するために必要な情報です．最後に，表示・解釈とは別にデータそのものの属性を記したメタデータがあります．ここでは，2014年9月12日に，エリシテーション調査（elicitation）によって TY さんから得られたデータであることが示されています．そして，公開レベルとして研究者向け（academic）であることもわかります．ここで挙げたメタデータの提示法はあくまでもひとつの例です．アーカイブによって，決まった方法があることが普通です．

　Level 2, 3, 4, 5 は，すでに述べた言語単位とカテゴリーに関する注釈であり，言語データへの注釈の中核をなすといえます．これらの注釈があれば，後世の研究者が残されたデータをもとに研究を行うことが可能になり，またそのデータの内部の一貫性をチェックすることで，注釈情報に微修正を加えることも可能になるはずです．

11.1.5　おわりに

　言語記述と独立した活動としてのアーカイビングを効果的に行うためには，言語データの ROM 化の問題に備えておくことが重要であり，今のうちに徹底した注釈情報を付与しておく必要があります．言語データの ROM 化の問題に対応するためには，結局のところ，話者との調査が可能な時代に生きる研究者としての責任を持ち，最大限のコストをかけて手持ちのデータに丁寧な注釈をつけるしかないのです．言語単位を切り出し，カテゴリーを同定し，データを分析しながら注釈をつける作業は，伝統的な意味での記述の作業領域です．よって，「記述より記録」ではなく，「記述したうえで記録」という方針でアーカイブに向き合う必要があるのです．

11.2 アーカイビングとインターネット　　　［金田純平］

11.2.1 はじめに

　言語アーカイビングの目的は記録された言語データを利用可能な形で保存することです。より具体的には，対象となる言語でのあらゆるコミュニケーション活動（パロール），つまり日常会話や語り，歌や儀式など様々な場面での言語の使い方を再現できるような記録ということになります。これらの記録は，かつては図書館やメディアテークと呼ばれる映像・音響資料の保管庫などの公共施設へ訪問して利用する必要がありましたが，今日ではインターネット上の電子アーカイブで公開され利用できるようになりました。施設を訪れなくても自宅からあるいは手持ちの携帯端末からもアクセスできることで，言語アーカイブの利用の機会を大幅に高めました。

　この節では，言語アーカイブとして保存・提供されるデータをどのように取り扱うかについて，そして，アーカイブをどのように運営するかについて，インターネットとの関わりを中心に説明します。

11.2.2 音声・映像の記録とメディア

　記述言語学での成果物は，言語事実の記録に基づいて整理・構成された二次資料ですが，それらの元となった言語のデータは音声（聴覚情報），手話の場合なら視覚情報による一次資料です。記述言語学が始まった20世紀初頭から半ばまでは，聞いた（見た）内容を紙に書いて記録するしかありませんでしたが，後に磁気テープを使ったオーディオレコーダーやビデオカメラが登場することで，音声や映像を記録に残すことが可能になりました。現代では，みなさんが普段使っている携帯電話でいとも簡単に記録できるようになりましたが，1980年ごろまではそれほど一般に普及していませんでした。音声や映像を記録した言語記述ができるようになったことは，言語アーカイビングの重要性が問われるようになった背景と言えます。

　言語アーカイビングは保存するだけでなく，それを利用可能な形で発信・提供することも重要な目的です。かつてのレコードやフィルムのように専門の業者にしか作成できないメディアの場合，図書館やメディアライブラリーといった施設へ行き，そこで借りて音声・映像を見るという方法しかありませんでした。カセットテープが登場すると，家庭でも映像や音声を複製（ダビング）することができるようになりました。さらに，CDやミニディスク（MD），DVDといった光

学ディスクは，データをデジタル化して記録できるようになり，複製も画質・音質を劣化させずに，かつ簡単に行えるようになりました。さらに，21世紀に入り高速インターネット通信が整備され，容量の大きい映像や音声が簡単にインターネット上で送受信できるようになりました。しかも，テープやディスクといった物理媒体を必要とせず，データのみのやり取りが可能になったので，媒体の保管や貸借が不要になり，自宅からでも利用できるのが大きな利点です。映像・音声のデータ配信は今でこそ当たり前の技術・サービスになりましたが，一般にも普及したのは21世紀に入ってからのことです。

11.2.3 インターネットを利用したアーカイビング

　映像・音声メディアのやり取りはインターネットの整備により非常に簡単になりました。言語アーカイビングにおいてもインターネットは非常に重要な役割を担っています。ここでは，どのようにインターネットが役立てられているのかについて説明します。

　まず，インターネットでは言語アーカイビングで必要とされるテキスト（文字情報），音声，画像・映像あるいはメタデータを含めて各種データが取り扱えます。また，Webサーバー上に掲載することで世界中に公開できます。公開するためにはそれを利用者が自由に使えるようにWebサイトの整備（オーサリング）をしておく必要があります。整備されることで初めて利用可能な言語アーカイブになるわけです。

　インターネット上の言語アーカイブを紹介します。「金澤版 アイヌ語会話辞典[1]」は，アイヌ語の音声がついた辞書です。これは，明治31年（1898年）に発行された神保小虎・金澤庄三郎著『アイヌ語會話字典』に，英訳とグロスや関連画像，さらにアイヌ語母語話者である黒川セツ氏による読み上げ音声を加えて編纂されたアーカイブです。見出し語句に対して音声ファイルが用意され，耳でその発音を聞くことができるもので，このタイプのアーカイブをトーキング・ディクショナリーと呼んでいます。また，辞書は日本語だけでなく英語にも対応していて，辞書の表示形式も，発音をカナで示し文法の説明も単純な一般向けと，国際音声記号とグロスで示した研究者向けの2種類が設けられています。このような形で，個人的にアイヌ語を調べ学びたい人と言語研究者の双方にとって利用可能なアーカイブとして機能しています。

---

[1] http://lah.soas.ac.uk/projects/ainu/ （2014年11月10日アクセス）

また，この会話辞典は，ロンドン大学東洋アフリカ研究科の危機言語プロジェクトのアーカイブ群に登録されています。このアーカイブ群では，世界の少数言語・危機言語に関する各種アーカイブが揃えられていて，オンラインで登録すれば外部からも利用することができます。

11.2.4 記述と記録を支えるツール

インターネットの発達が言語アーカイビングにもたらしたものは，各種データの公開だけではありません。言語の記述と記録に役立つツールが無料で提供されるようになったことも挙げられます。この項では，主に辞書の作成を行うToolBox，映像や音声データに注釈（アノテーション）を付けるELANを紹介します。

ToolBox[2]は，米国の団体であるSummer Institute of Linguistics (SIL) が提供する辞書作成ツールです。このツールには，対象言語の単語や接辞に対して発音や綴り，意味，あるいは文法カテゴリー（例えば名詞の格やクラス，動詞の時制や人称，形容詞の級など）について，カード状に記録することができます。また，意味や文法カテゴリーの記述に基づいて文章に対して自動的にグロスを付けることも可能です。さらに，音声データの録音と辞書への関連付けも行えます。

ELAN[3]（エラン）は，ドイツのマックス・プランク心理言語学研究所（所在地はオランダのラドバウド大学内）で開発されたツールです。映像や音声データに対して発話内容を記述し，映像・音声の時間軸に関連付ける注釈記述を行います。映像に字幕を付ける作業も一種の注釈記述に当たります。会話やスピーチ，歌などのデータは実際の言語活動の記録としては非常に有効なものですが，先ほど述べたように文字や音声記号などで内容を記述しなければ利用者の役には立ちません。記録した映像・音声を言語アーカイブとして活用できるようにするためには記述を十分に行う必要があります。

記述において管理すべきデータの量は非常に膨大になります。注釈記述を時間軸にミリ秒単位で正確に関連付けることも，人間の手では到底無理な作業です。ToolBoxやELANといったツールは，微細な数量の測定や大量のデータの記憶といった人間には不得手なことをコンピュータが補完してくれるものであり，言語の記録と記述においてこれらは欠かせないものになりつつあります。

---

[2] http://www-01.sil.org/computing/toolbox/ （2014年11月10日アクセス）
[3] "ELAN the language archive" https://tla.mpi.nl/tools/tla-tools/elan/ （2014年11月10日アクセス）

11.2.5 データの公開における問題

以上みてきたように，インターネットは言語アーカイビングに対して大きく貢献してきたと言えます。しかし，簡単に公開し誰でもアクセスできるというインターネットを利用することで発生する問題があります。ここでは3つの問題について考えます。

第1の問題は，データの散逸・改変への対策です。例えば，音声や映像データがダウンロードされ，もしそれが言語アーカイブのサイトとは違う場所で公開されてしまうと，そのデータはアーカイブを構成するものではなくなり，公開する側の意図とは無関係に利用されてしまいます。また，インフォーマントの肖像権やプライバシーの侵害にもつながります。さらに，データが編集・改変され，ニセのデータが公開される危険性もあります。ほかにも不正アクセスによるデータの盗難や破壊の危険性も付きまといます。アーカイブのサイトでは，むやみに誰でもデータにアクセスできないように，登録制にしているものが多くなっています。登録する際にはアーカイブの使用目的についても尋ねられるようになっています。

第2の問題は，データへのアクセスの永続性です。インターネット上でのファイルは，URL（アドレス）に対応させてアクセスすることができますが，サーバーの老朽化などにより移転した場合，URLが変わってしまうことがあります。このときに，自動転送されるように設定していれば，移転前・移転後のいずれのURLでもアクセスできますが，それを行わずに移転してしまえば，移転前のURLへアクセスすると"404 Not Found"というエラーメッセージが表示され，データへアクセスできなくなります。また，サイトの運営にはコストがかかりますが，予算の都合でサーバーを停止することになってしまうと，せっかくのアーカイブもお蔵入りになってしまいます。これらの事態に陥ることを防ぐためにも，公開して終わりではなく，公開後の運営のことも念頭に入れなければなりません。

第3の問題は，アーカイブの帰属です。製作されたWebサイトやデータは知的財産であり，その知的財産権（著作権）は製作者，言語アーカイブの場合その多くは研究者に帰属することになります。しかし，アーカイブは少数言語・危機言語の保存のために記録しているものであり，データの元となったのはインフォーマントの声です。また，その研究成果は現地のコミュニティに還元されなければなりません。したがって，アーカイブの知的財産権は倫理的な見地からもそのコミュニティに帰されるべきという考え方も出てきます。あるいは，両者の合意の上で，知的財産権を誰も持たないパブリックドメインや自由に利用できるクリ

エイティブ・コモンズの状態にして，公共の知的財産として位置づける手段もあります。

こういった権利の取り扱いに対して，オーストラリア原住民・トレス諸島民文化研究所（AIATSIS）は先住民研究への倫理ガイドラインを設けています[4]。それによると，アーカイブを含む研究成果物の権利については，研究者と現地コミュニティとの間で同意を結ばなければならないと定められています。また，その成果の利用や公開範囲についてはコミュニティ側でコントロールできるようにすることも求められています。言語アーカイブを公開することにより，個人情報の漏洩のおそれがあります。また，公開によってかえって外部との接触が増え，支配的な文化や言語からの侵略を受けやすくなり言語の消滅を早めるおそれがあると考えるコミュニティもあります。そのため，アーカイブを外部に公開しないという方策もコミュニティの権利として同時に認められなければなりません。

11.2.6 まとめ

少数言語・危機言語のアーカイビングは，従来の言語記述から脱却し，音声や映像メディアに言語の生データを記録し保存を行う形で発展してきましたが，インターネットもそれとちょうど時代を合わせるように発展・普及してきました。そのような流れのなかで，アーカイブとして公開し利用できるように整備することも記録言語学の目的の一つに加えられました。記述と記録には多くの時間と費用，そして何よりも現地の人々を含めて多くの人の協力が必要ですが，公開されたアーカイブのデータ群やサイトの運営を維持していくことも非常に費用と手間がかかります。アーカイブを恒常的に維持していくことも言語アーカイビングの重要な課題と言えるでしょう。

参考文献
デイヴィッド，ハリソン, K.（2013）『亡びゆく言語を話す最後の人々』原書房
宮岡伯人・崎山 理（編）（2002）『消滅の危機に瀕した世界の言語 ことばと文化の多様性を守るために』明石書店
Himmelmann, Nikolaus P. (1998) "Documentary and descriptive linguistics", *Linguistics* 36, pp. 161-195, Berlin: De Gruyter

---

[4] Australian Institute of Aboriginal and Torres Strait Islander Studies (2011) "Guidelines for Ethical Research in Australian Indigenous Studies" (2nd Edition) http://www.aiatsis.gov.au/_files/research/ethics.pdf（2014年11月12日アクセス）

第12課 日本語コーパスの構築と利用

「コーパス（corpus）」という言葉を知っていますか？ 専門用語ですが，ひょっとすると英語の参考書などで目にしたことがあるかもしれません。
　この課では，「コーパス」とは何か，どのような考え方・手順で作られるものなのか，何に使えるのか，といった点について説明します。

12.1　コーパスを作る　　　　　　　　　　　　　　　　　　　　［森　篤嗣］

　「「流れに棹さす」ってどういう意味だっけ？」とか，「どんな使い方するんだっけ？」などのように，ふと日本語のことを調べたくなることはないでしょうか。このとき，少し前なら辞書を引くところですが，現代ではインターネットで検索する方が手っ取り早いと思うかもしれません。しかし，そのデータは信頼できるものでしょうか。言語データの集まりは「コーパス」と呼ばれ，信頼できて利用しやすいものを作るべく，情報工学と日本語学の研究者が協力して頑張っています。
　以下では，コーパスを構築するときに考えなければならないことを概説し，コーパスの特徴について考えます。

12.1.1　コーパスとは

　先にも述べたとおり，「コーパス」とは言語データの集まりのことです。言語データといっても様々な種類があります。例えば，新聞や小説もそうですし，作文やおしゃべりを録音したものも言語データです。
　では，種類や内容を問わず言語データを集めれば，コーパスと呼んでいいのでしょうか。実はもう一つ重要な点があります。それは，「検索できる」という点です。例えば，新聞が100年分も山のように目の前に積まれていたとしても，その新聞の山から，ある単語が何回出現するかを調べるのには途方もない時間が必要です。これが，電子化されていれば，一瞬で検索可能になります。このように考えると，コーパスとはIT化社会の賜物で，「検索可能である」ことがポイントということになります。その意味では，Googleなどの検索エンジンは最初から「検索可能」です。検索エンジンも，Webページからデータを自動的に取得して構

築したコーパスを，コンピュータで処理しているわけです．その意味では，検索エンジンは私たちの生活にもっとも身近なコーパスであるとも言えます．

12.1.2 検索エンジン（Webデータ）はコーパスか

しかし実は，検索エンジンを厳密な意味でコーパスと呼ぶのには，大きな問題があります．それは，データが一定しないということです．

データが一定しないと何が困るかというと，端的に言えば，昨日調べた結果と，今日調べた結果が異なるというようなことが起こるということです．「いやー，昨日はこうだったんだけどね」と言われても，なかなか信用することは難しいでしょう．科学的説明には，「再現できる」ということが欠かせません．検索エンジンの基となるWebデータは膨大であるという点では，使い道もあるのですが，データが一定しないというのが，言語の分析には非常に大きな問題です．

また，Webページの場合，データが最初からコンピュータ処理可能な状態で公開されるため，どんどん自動取得することが可能なのですが，一方ではコーパスに含めるデータとして適切でないデータでも，やはり自動的に取得してしまうという問題も含んでいます．例えば，外国語のページを自動翻訳した日本語のページで「日本語の姿」を検証しようというのは，いささか無理があります．

したがって，Webデータの場合は，「検索可能」というポイントは満たしていますが，日本語について調べるために適切かと言われると難しいものがあります．日本語について調べるためには，「日本語の代表として適切なコーパス」が必要になります．このような「代表としての適切さ」は，コーパスの「代表性」と呼ばれます．次に，コーパスを作るときに，どのようにして代表性を確保するかについて考えていきます．

12.1.3 コーパスに収録する言語データの種類

コーパスを設計するにあたって，問題となるのは，収録する言語データの種類と量です．

まず，「話し言葉」と「書き言葉」のどちらを収録するかです．言うまでもありませんが，話し言葉よりも書き言葉の方が集めやすいという事情があります（Webページも基本は書き言葉ですね）．例えば『現代日本語書き言葉均衡コーパス』（Balanced Corpus of Contemporary Written Japanese: BCCWJ）は約1

億語すべて書き言葉です[1]。英語のThe British National Corpus（BNC）では，約1億語のうち約9,000万語が書き言葉，約1,000万語が話し言葉です。

そして，書き言葉にしても話し言葉にしても，その内訳をどうするかという問題があります。

書き言葉についてBCCWJでは，書籍・雑誌・新聞・白書・教科書・広報紙・Yahoo! 知恵袋・Yahoo! ブログ・韻文・法律・国会会議録を収録しています。幅広いジャンルを収録していると言えますが，どこまで広く集めても，これが「現実の日本語全て」であるという保証はできず，代表性とは非常に難しい問題であるということがわかります。

話し言葉では，CSJにはインタビューや対話，朗読なども一部含まれますが，学会講演・模擬講演（派遣会社が選定した一般話者による身近な話題についてのスピーチ）が時間にして約91％を占め，基本的に独話中心です。また，話し言葉の場合，方言や性差，世代差，業界用語など様々な言語変種をどこまで考慮して収集するかという問題もあります。

12.1.4 著作権の問題

インターネットが身近なものになった現在，大学生のレポート作成などでは，Webデータを「コピペ」して使うことも多くなったと言われますが，コーパスを作るとなると，そう簡単に「コピペ」では困ります。コーパスに収録する言語データを決めたとして，次に考えないといけないのが著作権の問題なのです。

コーパスにおいて収集対象となる「著作物」は，「一般の著作物」のうち「言語の著作物」にあたります。その範囲は広く，小説などの作品以外にも講演や論文，未発表の作文，さらにはインタビューや雑談の録音といった話し言葉データも「言語の著作物」にあたります。なぜなら，「言語の著作物」については「固定」されている必要はないからです。翻訳も「二次的著作物」とされ，著作権が発生します。

著作権の一つに「複製権」（無断で複製されない権利）があるため，他人が著作権を保有する著作物を，無断でPDFファイルにしてテキスト化する，手で入力するなどしても複製権の侵害に当たる可能性があります。また，「公衆送信権」（無断で公衆に送信されない権利）に関しても，他人が著作権を保有する著作物

---

[1] BCCWJとは，国立国語研究所が作成した日本語書き言葉の代表的なコーパスです。ほかにも国立国語研究所は，『日本語話し言葉コーパス』（CSJ）という約700万語の話し言葉のコーパスも作っています。

をコーパスと称してインターネットを通じて「自動公衆送信」すると公衆送信権の侵害となります。

　他人が著作権を保有する著作物の利用については，権利者の了解を得ることが原則であり，BCCWJ は著作権処理として，この方法を採っています。権利者の了解を得ずに利用することが出来る例外として有名なのは，保護期間が切れている場合です。著作権の保護期間は原則，創作時から著作者の死後 50 年までです。Web 上に文学作品を集めた「青空文庫」は保護期間を過ぎた著作物を利用しているため，著作権を侵害しないのです。他に例外となるケースとして，「私的使用のための複製」や「引用」がありますが，コーパス構築となるとその範疇を超えるでしょう。したがって，コーパスを構築するためには基本的に，「著作物の権利者の了解を得る」か「保護期間を超えた著作物を利用する」のいずれかしかないということになります[2]。

12.1.5　検索ツールとアノテーション

　収録する言語データを決め，著作権の問題もクリアし，収集にこぎつけたとしても，そのままではまだうまく使えません。冒頭に「目の前の新聞の山」の例を挙げたように，コーパスは検索できなければ，その意義はほとんどありません。

　コーパスを検索する方法はいくつかありますが，大きく分けると「文字列検索」と「単語検索」があります。BCCWJ の検索ツールには，「少納言」と「中納言」が用意されていますが，「少納言」が文字列検索ツールで，「中納言」が単語検索ツールです[3]。

　文字列検索はその名の通り，テキストを文字列で検索する方法です。例えば，「少納言」を用いて「東京都」を検索してみると，4,640 件ヒットします。続いて「京都」を検索してみると，13,107 件ヒットするので，「さすがにしえの都だなあ。東京に負けてない！」と早合点してしまいそうですが，これは極めて危険です。文字列検索は，文字面そのままを検索していますので，「東京都」の中の「京都」もカウントされます。つまり，純粋な「京都」は，13,107 − 4,640 = 8,467 件

---

[2] もう一つ方法があるとすれば，「自らが権利者である著作物を使う」でしょうか。つまり，コーパス構築のための言語データを，全て自分自身で創作する（書き下ろす）ということです。しかし，実際にはあまり現実的な方法とは言えませんね。

[3] 厳密には，「中納言」は文字列検索機能も備えているため，「中納言」を使えば，文字列検索も単語検索も可能です。ただし，「中納言」を使用するには，国立国語研究所への登録が必要です。一方，「少納言」は登録不要ですので，文字列検索機能が誰もが気軽に使えるという点においては，「少納言」に優位性があります。

となります。都道府県名で比べると,「京都府」は 625 件ですので,残念ながら（？）「東京都」に及びません（ちなみに「東京」は 29,479 件です）。このように,文字列検索は文字面そのままを検索するという点に細心の注意を払っておかないと,思わぬ大きな間違いをしかねません。

次に,単語検索です。日本語の場合,文を見ても単語の切れ目が明確ではありません。英語であれば,語と語との間にはスペースがありますので,語の検索は比較的に容易ですが,日本語のコーパスで「この単語を検索したい」という要望に応えるためには,単語を切り出す方法から考えなければなりません。

BCCWJ では,コーパスそのものに「ここが単語ですよ」という情報を付与しています。この単語の性質の情報のことを「形態論情報」といいます。話し言葉コーパスでは,アクセントやイントネーションなどの「韻律特徴」などが付与されることもあります。こうしたコーパスに付与される情報全般のことを,「アノテーション」といいます。「中納言」などの検索ツールは,アノテーションされた情報を基に検索をおこなっているのです。

日本語において,単語検索が最大の効果を発揮するのは,動詞や形容詞など活用のある品詞を検索する場合です。例えば,「走る」を文字列検索で検索しようとすると,「走ら（ない）」「走り（ます）」「走る」「走れ（ば）」「走ろ（う）」「走っ（た）」などの全ての活用形を検索して足し算をしなければなりません。その上,「はしら（ない）」「はしり（ます）」「はしる」「はしれ（ば）」「はしろ（う）」「はしっ（た）」のように,平仮名でも別に検索が必要です[4]。形態論情報がアノテーションされていれば,活用形も文字種の違いもまとめて検索できます。BCCWJ の場合は,「走る」という形が「語彙素」という見出しとなり,「走る」の活用形や文字種を代表しています。

また,検索結果を眺めるとき,それぞれの結果がどのような媒体から検索されたのかを知ることができれば有益でしょう。言語データの出自に関する情報を「書誌情報」といいます。書誌情報もコーパスに付与されるアノテーションの一種で,コーパスによる調査では非常に有益な情報の一つです。

このように,言語データにどのようなアノテーションをおこなうかによって,コーパスの使い勝手は大きく変わることがわかります。

---

[4] しかも,文字列検索で「はしら（ない）」を検索すると,「柱」を平仮名で表記したものも混ざってしまいます。

以上，コーパスを作るときに考えるべきことについて見てきました。コーパスを作るときに重要なのは，「何のためのコーパスか」ということをはっきりさせることです。話し言葉か書き言葉か，どんなジャンルなのか，データ量は多いか少ないか，書誌情報などをどのように付けるか，などです。

どのようにコーパスを作ればいいのかということに答えはありません。むしろ考え方は逆で，何かを調べるためにコーパスを作るのです。このことは，コーパスを使う側の立場でも大切なことですので，次節で引き続き考えてみましょう。

12.2 コーパスを使う　　　　　　　　　　　　　　　［茂木俊伸］

前節を読んで，多くの人が「でも，普通は自分でコーパスを作らないよね」と思ったかもしれません。しかし，「コーパスはどのように作られているか」は，「コーパスをどう使う（使える）か」ということと密接に関わります。

以下では，コーパスの利用法と注意点を概説しながら，この点について考えていきます。

12.2.1　コーパスを使ってできること

コーパスを検索すると，その文字列や単語が何回くらい使われているのかという頻度が分かります。つまり，言語現象の実態が，「量」の情報とともに観察できるわけです。研究者から見たその利点は，主に2つあると考えられています。

1つは，これまでは研究者個人の内省（言語直感）に基づいてなされてきた分析が，実際の使用例に基づいて検証できる，という点です。

例えば，現代日本語の文法研究では，「動詞「そびえる」は，いつも「そびえている」の形で使われる」，「接続助詞「ながら」は，「ながらも」の形では「逆接」の解釈になる」といったさまざまな規則性が指摘されていますが，それらの指摘が妥当であるのか（実際に見られる現象なのか），また，該当する例がどれくらいあるのか（例外はないのか）といったことが，データから確かめられるのです。

もう1つは，これまで指摘されてこなかった言語現象や使用傾向が見つかる，という点です。

特に大規模なコーパスを使うと，観察の範囲が広がりますので，内省や限られたデータを使った従来の研究では見逃されてきたような，「新しい」事実が明らかになることが期待されます。

また，BCCWJやCSJのような言語研究用に構築されたコーパスでは，使用状

況や媒体，本や雑誌のジャンル，書き手／話し手の年齢・性別といった，「言語外」の情報が付与されています。これにより，ある現象が日本語に一般的に観察されるものなのか，それとも，特定のジャンルや使用者に偏って観察されるものなのか，といった傾向まで見えるようになりました。例えば，「見れる」のような「ら抜き」言葉は若者が使うというイメージがありますが，そのような年齢の偏りはあるのか，書き言葉でも使われるのかといった実態は，調べてみないと分かりません（逆に言えば，そのような事実の有無を「調べる手段がある」という点が，コーパスの価値だと言えます）。

これらの利点は，コーパスが「共有」されることでさらに強化されます。科学の世界では，一つの発見がなされるとすぐに追試が行われ，再現可能な発見かどうかが検証されます。同じように，適切な著作権処理を経て公開されているコーパスを使えば，「どうなってるのかなぁ」，「え！ 本当なの？」という言語現象について，（データの範囲と検索条件をそろえて）研究者間で相互に検証しあったり議論を深めたりすることができます。つまり，コーパスは，日本語を調べるための知的インフラとも言える存在なのです。

BCCWJのようなコーパスの公開は，コーパスが決して「研究者専用の道具」ではなくなったことも意味します。皆さんも，「こういう言い方は日本語として普通なの？」，「この語はどのように使うの？」という素朴な疑問を持ったことがあるでしょう。検索結果の読み方にはコツが要りますが，まずは，誰でも「（いつの／どんな媒体に）使用例が（どれくらい）あるか」ということが手軽に確認できるようになった，ということが重要なのです。

12.2.2 使うデータを選ぶ

さて，皆さんがレポートや論文でコーパスを使おうとする場合，知りたいことを知るために「どのようなデータをどのような条件で検索するのか」を考える必要があります。偏ったデータを検索したら得られる結果も偏ったものになりますし，どうすれば知りたい現象を網羅的に検索できるのかもきちんと検討しなければなりません。

その前提として求められるのは，コーパスの仕様（何をどのように検索したら，何が分かるように作られているか）をきちんと理解しておくことです。実は，研究者間でもそのようなノウハウの共有は始まったばかりなのですが，よく使われるコーパスやその他のデータを例として，その特徴（利点と欠点）を具体的に考えてみます。

① **『現代日本語書き言葉均衡コーパス（BCCWJ）』**（「少納言」）

　書籍や雑誌，新聞，教科書や法律といった 11 種のデータ，約 1 億語が検索できます。書籍・雑誌・新聞（6,500 万語）については，現代日本語の書き言葉の縮図となるように設計されており，代表性を有すると言えるデータです。

　一方，教科書や法律，Web 上の書き言葉といったデータ（3,500 万語）は「特定目的」サブコーパスと呼ばれ，やや特殊な扱いになっています。「この表現はよく使われているなぁ」と思ったらほとんどが特定の媒体の例だった，ということもありますので，注意が必要です。

　無料の検索ツール「少納言」（→ 12.1.5 項）の検索結果は，最大 500 例がランダムに表示されます。したがって，大量の用例が得られるような検索では，結果の再現性が期待できないことになります（このような制限は，利用申請を行うツール「中納言」にはありません）。

次に，以下に挙げるデータは，もともと言語研究用に設計されたもの（厳密な意味の「コーパス」）ではないのですが，規模が大きく検索しやすいため，比較的よく利用されるものです。これまでの研究でデータの性質（資料性）がある程度明らかになっているので，それぞれの特徴を把握しておきましょう。

② **検索エンジン（Web データ）**（荻野・田野村 2011b，荻野 2014 など）

　Google のような検索エンジンを言葉の分析に使う最大の利点は，やはりそのデータ量です。多様な媒体が混在する超大規模なデータだからこそ観察できる現象はたくさんあります。また，ブログやツイッターといった新しいメディアの検索ができる関連サービスは，新語や若者言葉の分析などに向いています。

　しかし一方で，検索対象であるデータの総量が明らかでなく，検索結果の算出方法も分からないなど，ブラックボックスになっている部分が多くあります。例えば，「約 5,000 件」という数は多いでしょうか？　少ないでしょうか？「約」はどのように考えたらいいでしょうか？　また，検索プログラムの仕様が変更されると検索結果も変わるため，再現性はあまり期待できません（最悪の場合，検索サービス自体が終了する可能性もあります）。

③ **新聞データ**（荻野 1996 など）

　学生のレポートや論文では，大学の図書館などを通じて提供されている新

聞データベースが使われることがあります（言語研究用の CD-ROM もあるのですが，高価なこともあって利用のハードルが高いようです）。いつからいつまでの朝刊，といった検索範囲の設定もできるので，一定の再現性は確保できます。

　新聞記事には会話文も含まれていますが，全体的にかたい書き言葉のデータだと考えられます。校正の過程を経ているため，規範性が高い日本語データですが，逆に，くだけた表現や新語の分析などには向いていないとも言えます。

　また，必ずしも実際の紙面が忠実にデータ化されているとは限らないこと，よく似た記事の重複が見られる場合があることなどにも注意が必要です。

④ **国会会議録**（松田 2008，茂木 2012 など）
　テレビでも中継される国会でのやりとりは会議録に記録されており，国立国会図書館の「国会会議録検索システム」上で検索することができます。必ずしも忠実な文字化が行われているわけではないのですが，60 年以上にわたって作成されている，数ギガバイトにのぼる特殊な「話し言葉」のデータです。

　国会というごく限られた場面の日本語ではありますが，「ら抜き」言葉のようなゆれも見られること，経年的な変化を観察できること，部分的に音声データとの突き合わせができることなどが利点です。

　以上，4 種類のデータを見てきましたが，重要なのは，自分が「知りたいこと」が調べられる，適切なデータを選ぶことです。

　近年では，「データ（証拠）に基づいて議論する」ことが求められるようになっていますが，単に数字を見るだけなく，その数字がどこからどのように導き出されたものなのかをきちんと読み取ることが重要だと言われます。

　コーパスの利用でも同じです。適切な検索対象を選ばないとそもそも十分な数の使用例が見つかりませんし，どのようなデータをどのような条件で検索し，検索結果にどのような処理をして算出されたのかによって，数字の意味も変わってきます。前節の「コーパスはどのように作られるか」を知ることは，利用者が「どう使う（使える）か」を考えるための大きな手がかりとなるのです。

参 考 文 献
石川慎一郎（2012）『ベーシックコーパス言語学』ひつじ書房

荻野綱男（1996）「言語データとしての話者の内省・新聞 CD-ROM・国語辞典の性質—サ変動詞の認定をめぐって—」『計量国語学』20(6)，pp.233-252，計量国語学会
荻野綱男（2014）『ウェブ検索による日本語研究』朝倉書店
荻野綱男・田野村忠温（編）（2011a）『講座 IT と日本語研究 5　コーパスの作成と活用』明治書院
荻野綱男・田野村忠温（編）（2011b）『講座 IT と日本語研究 6　コーパスとしてのウェブ』明治書院
田野村忠温（編）（2014）『講座日本語コーパス 6　コーパスと日本語学』朝倉書店
前川喜久雄（編）（2013）『講座日本語コーパス 1　コーパス入門』朝倉書店
松田謙次郎（編）（2008）『国会会議録を使った日本語研究』ひつじ書房
茂木俊伸（2012）「国会会議録を使ったことばの分析」『日本語学』31(4)，pp.52-63，明治書院
山崎　誠（編）（2014）『講座日本語コーパス 2　書き言葉コーパス—設計と構築—』朝倉書店

コーパス・言語データ

『現代日本語書き言葉均衡コーパス（BCCWJ）』（国立国語研究所コーパス開発センター）〈http://www.ninjal.ac.jp/corpus_center/bccwj/〉
ウェブ検索ツール「少納言」〈http://www.kotonoha.gr.jp/shonagon/〉
「国会会議録検索システム」（国立国会図書館）〈http://kokkai.ndl.go.jp/〉

第13課 キャラクタを訳す

13.1 ことばとキャラクタ　　　　　　　　　　［定延利之］

　ことばとキャラクタの関わり方は多様で，少なくとも3つの関わり方を区別する必要があります。

　第1の関わり方は「ことばがキャラクタを直接表す」という関わり方です。たとえば，年輩の男性について「なにしろあの人は『坊っちゃん』だからなぁ」のように言う場合を考えてみましょう。この時，『坊っちゃん』ということばは，幼児性を残した自己中心的な男というキャラクタを表しています。

　第2の関わり方は「ことばが内容だけでなく，ことばの発し手のキャラクタをも暗に示す」という関わり方です。たとえば，「そうじゃ，わしが知っておる」と言うのは『老人』キャラで，「そうですわ。わたくしが存じておりますわ」と言うのは『上品な女』キャラというのは，この関わり方です。ことばとキャラクタがこのように関わっている場合，ことばは「役割語」，キャラクタは「発話キャラクタ」と呼ばれることがあります。

　第3の関わり方は，「ことばが動作だけでなく，動作の行い手のキャラクタをも暗に示す」という関わり方です。たとえば「ニタリとほくそ笑む」のは『悪者』キャラであって，正義の味方は「にっこり微笑む」ことはあるが，「ニタリとほくそ笑む」ことはないという具合です。この時のキャラクタは「表現キャラクタ」と呼ばれることがあります。

　日本語は役割語が非常に多く，一見，誰でも発しそうなことばでも，よくよく考えてみれば話し手像が漠然とであれ浮かんでくる，つまり役割語だということは少なくありません。とりあえず，すべてのことばは役割語だと思っておいてよさそうです。それに対して他言語では役割語がそう多くないので，役割語を他言語に訳すことは難しくなります。しかしその場合でも，「深窓令嬢は〜と言った」「〜と吼えた」のように，第1の関わり方や第3の関わり方は利用できるかもしれません。

　ことばとキャラクタの関わり方は，以上の3つに限られるわけではありません。ここでは第4の関わりとして，「ことばが心内の考えやきもちだけでなく，考え

やきもちの主のキャラクタをも暗に示す」という関わり方を考えてみましょう。これは第2の関わりと似ていますが、完全に同じではありません。

たとえば『上品な女』キャラは「あの若者を何とか助けられないでしょうか」とは言っても「あの若者を何とか助けられないか」とは言わないでしょう。これは第2の関わり方に関する観察です。ところが、この観察は、

　　あの若者を何とか助けられないか——貴婦人は懸命に考えた。

のような、心内の考えやきもちが表現される場合には必ずしも当てはまりません。第4の関わり方が第2の関わり方と完全に同じではないというのは、このようなことがあるからです。この時のキャラクタを仮に「思考キャラクタ」と呼んでおきましょう。

もちろん、今述べたようなことは、そもそも「あの若者を何とか助けられないか」のように、貴婦人の心内のきもちがことばで表現されてはじめて問題になることです。発話キャラクタは発言がありさえすれば想定できるのに対して、思考キャラクタは、誰かの心内の思考やきもちがことばで表現されなければ想定できません。つまり思考キャラクタは、発話キャラクタと表現キャラクタが重なったものに近いと言えます。ただし、完全に一致するわけではありません。

上のように『上品な女』が「〜助けられないか」などとは言わないけれども、その思考・きもちが「〜助けられないか」と表現され得ることからすれば、思考キャラクタとしての『上品な女』は、発話キャラクタとしての『上品な女』ほど「キャラが濃くはない」、とも言えるでしょう。

ただし、思考キャラクタが、単に「発話キャラクタの薄まったもの」と片付けられるというわけではありません。たとえば「武士は口が堅いなり」「夏休みももう終わりなり」などと何を言うにも文末に「なり」を付ける『コロ助』[1]は、心内の思考やきもちであっても、そう簡単に「なり」を外すわけにはいかないでしょう。

さらに複雑な事情もあります。それは、思考キャラクタの薄さが構文によって異なるということです。たとえば、

　　なんだかあやしいな——貴婦人はいぶかしんだ。

があまり自然でないことからすれば、終助詞「な」は『上品な女』の思考を表すことばとしてはふさわしくないと思えるでしょう。しかし、その一方で、

　　それでわたくしも、なんだかあやしいなって思いましたの。

---

[1] 藤子・F・不二雄のマンガ『キテレツ大百科』の登場人物。

という当の貴婦人の発言はごく自然に聞こえるでしょう。つまり『上品な女』キャラは，思考内容が自身によって報告される引用構文の場合に最も薄くなります。この構文で自然さが高くなることばは「な」の他にも，「それでわたくしも，外は雨なんだって思いましたの」の「だ」，「それでわたくしも，田中さんはお留守なんだろうって思いましたの」の「だろう」，「それでわたくしも，これは救急車を呼んだ方がいいって思いましたの」の「いい」，「それでわたくしも，ちょっとあぶないぞって思いましたの」の「ぞ」など，さまざまなものがあります。

とはいえ，さすがに「それでわたくしも，これは殺人だよなって思いましたの」「それでわたくしも，大変なことになったぜって思いましたの」などは無理があるでしょう。「よな」や「ぜ」は中和の域を超えており，『男』キャラの色合いがあるということになります。

13.2 役割語とその翻訳について ［金水　敏］

13.2.1 はじめに

役割語とは，人物の話し方＝言語的要素（語彙，文法，音声等）の組み合わせと，その話し手の人物像（特に，性別，年齢，社会的階層，住んでいる地域，人種・国籍等）が結びついているという知識が共有されている場合の，その話し方のことを指します。例えば，次の例で，aは老人，bは上品な女の人，cはマッチョな男性が想起されるので，それぞれ〈老人語〉，〈お嬢様・奥様ことば〉，〈男ことば（マッチョ）〉という役割語とみることができます。

(1) a. そうじゃ，わしが知っておるんじゃ。
　　b. そうよ，私が存じておりますわ。
　　c. そうさ，おれが知ってるぜ。

役割語の情報をガウバッツ（2007）は論理的意味と区別して，「象徴的意味」に含めています。また山口（2007）では，フィクションにおいて登場人物同士が交わすコミュニケーションを微視的コミュニケーション，作り手が受け手に対して行う情報伝達を巨視的コミュニケーションと呼び，役割語の選択は，不自然な説明的セリフと同様の巨視的コミュニケーションを支える表現であるとしています。ガウバッツの概念を借りれば，巨視的コミュニケーションとは，登場人物のセリフを借りて，人物像や場面についての象徴的意味を受け手に伝える行為であると述べることができます。

ガウバッツ（2007）では，『ハックルベリー・フィンの冒険』を主たる例にと

りながら，翻訳における役割語の機能を次のように述べています。翻訳とは，まず原著が伝える論理的意味を，目標となる言語によって最大限に近似させて構文するという作業が基盤となることは言うまでもありませんが，原著が伝えるさまざまな象徴的意味をも，同時に目標となる言語の中に写し取っていかなければなりません。特に会話文の翻訳においては，役割語の選択こそがその最大の手段である，ということになります。

ところで役割語が言語を越えて翻訳される場合，もとの言語（ソース言語と言うことにする）の役割語が，翻訳された先の言語（ターゲット言語と言うことにする）で保持されるとは限りません。逆に，ソース言語では特に役割語のない文脈に，ターゲット言語で役割語が付け加えられる場合もあります。

これは，

①ソース言語とターゲット言語で役割語を表す方法・手段が一致しない。
②ソース言語の地域とターゲット言語の地域で，表される人物像のステレオタイプに違いやずれがある。
③役割語の認識度，共有度に違いがある。

などの要因によるものと考えられます。それぞれについて，やや詳しく見ていきましょう。

13.2.2 役割語を表す方法・手段の違い

日本語で役割語を構成するもっとも重要な手段として，一人称代名詞（おれ，ぼく，わたし等），二人称代名詞（おまえ，きみ，あなた等），コピュラ動詞（だ，です，でござる，だす等），終助詞（よ，ね，わ，ぞ，ぜ，さ等）といった語彙的手段があります。むろん，その他語法，言い回し，音声的手段，話題の選択や断定表現の多寡，配慮表現の有無や質等の語用論的傾向もありますが，語彙的手段は大変強力と言えるでしょう。このように語彙によって話し手の人物像が表されるためには，主語と動詞の文法的一致がなく（主語名詞が自由に選択可能），語順が動詞末尾型であるなど類型論的な特徴が大きく関与しています（金田2011）。英語では文法的一致があり，述語が文中にあるので終助詞も発達せず，上記のような手段はすべて使えません。現代中国語は文法的一致はありませんが，それでも一人称・二人称代名詞は語彙的に限られており，また語順は英語に近いので，文末表現も日本語ほどは発達していません。韓国語は日本語と類型論的な特徴が近いですが，それでも代名詞のバリエーションは乏しいのです。

上記のような語彙的手段によって，日本語では男女の性差がよく表されます。

また〈老人語〉というべき典型的な役割語があります。しかし，英語やスペイン語，韓国語，中国語では，男女の性差や〈老人語〉に相当する役割語は，語彙レベルではあまり明確ではありません（山口 2007；福嶌 2012；鄭 2007；河崎 2010）。例えば日本語で「僕は猫さ」「俺は猫だぜ」「あたしは猫よ」「あたしゃ猫だよ」「わしは猫じゃよ」はすべて I am a cat. としか訳しようがありません。

なお，韓国語では，丁寧語のシステムが大変発達しており，その機能によって話し手の世代差はよく表し分けられます（鄭 2007）。またタイ語では，男女の言葉に語彙的・文法的な違いがあり，僧侶のことばもあるとのことで，今後の研究で日本語の役割語との類似性・相違性が明らかになることが期待されます（伊藤 2013）。

また逆に，語彙的手段のない言語から日本語に翻訳する場合は，人物像に応じて役割語を適宜用いなければならないケースもあります。例として，ダイアナ・ウィン・ジョーンズ（Diana Wynne Jones）著 *Howl's Moving Castle* とその翻訳『魔法使いハウルと火の悪魔』（西村醇子訳，徳間書店）を取り上げましょう（この作品の分析は，元大阪大学文学部学生の亀田晴菜氏の発表に負っています）。

この物語は，呪いによって 90 歳の老婆に変えられた，帽子屋の三人姉妹の長女ソフィーの成長物語です。ソフィーは「長女は何をやっても成功しない」という迷信を信じ，引っ込み思案で消極的な生活を送ってきましたが，老婆に姿を変えられることによって人生に対する大胆さ，積極性を手に入れる，というスクリプトが物語の根幹をなします。即ち，若い女性としてのソフィー，老婆に変えられたソフィーの言動のそれぞれの描写が物語にとって重要であることが分かります。西村氏の訳は，「あの人はもう，二度も城に来たわ。でも今日はすぐ出て行ったけど」(p. 290) のような，女性らしい言葉遣いと，「しょうがないだろ，長女だもの！」「失敗することになってんのさ」(p. 292) のような，ぞんざいで遠慮のない物言いとを巧みに使い分けて，人格の変化を表現し分けています。しかし原文には，既に述べてきたように，特別な語彙・語法的な特徴の変化は一切ありません。翻訳者の原作の解釈に基づいて，適切と考える役割語が付け加えられているのです（金水 2011a 参照）。

13.2.3 ステレオタイプの違いやずれ

国や地域によってステレオタイプの違いが問題になるケースの典型として，方言，国籍，人種による言語の違いがあります。例えば黒人の登場人物の英語は語彙・文法，音韻等に特徴を持ちますが，日本の文化・歴史の中に，黒人の英語と

対応するステレオタイプは存在しないので、翻訳のためには何らかの工夫が必要となります。仲川（2008）によれば、黒人の登場人物に〈田舎ことば〉という役割語を適用することが明治期末頃の欧米小説翻訳（山縣五十雄訳『宝ほり』（明治35年））から見られるようになり、19世紀末から20世紀にかけてステレオタイプ化されています。また黒人登場人物の〈田舎ことば〉は、当初から様々な方言を混ぜたものでありながら、どの時期にも「べえ」「（する）だ」「でがす」など、同じような語が選択されているという定型性のあることが明らかとなりました（金水他 2011 参照）。

13.2.4　役割語の認識度・共有度

鄭（2007）では、2004年6月から7月の間に、10代から30代までの日本語母語話者53名と韓国語母語話者87名（日本語学習者21名、非学習者66名）の合計140名を被験者として、マンガから抜き出した人物イラストと、マンガの中でそれぞれの人物が使用している台詞とのマッチングをさせるという調査を行いました。その結果、日本語話者では正答率が70.2%、韓国語話者では42.8%でした。事前に行った、両言語話者が人物イラストから連想する人物像についての調査では、あまり差がなかったので、言葉づかいの選択においては韓国語話者に比べて日本語話者の方がより確かな共通知識を持っているということが明らかになりました。韓国語話者に比べて日本語話者は、文末形式の役割語的要素により敏感であり、ひいては役割語についての知識やその認識・共有の程度が高いということが推測できます。

この結果を翻訳の問題に引きつけて考えた場合、韓国語から日本語に翻訳する場合がその逆よりも細やかな配慮が必要となるであろうということを推測させます。即ち、人物像と話し方のマッチングが強く共有されているが故に、マッチしない言葉遣いを選択した場合の違和感が強く、作品の意図を損ねてしまうことにもなりかねないのです。

13.2.5　まとめ

役割語の翻訳は効果的に行われれば、人物像を的確に伝えることができて有効ですが、誤った選択が行われると、逆に受け手に違和感を与えたり、誤ったイメージを伝えてしまったりします。翻訳にとって、役割語の知識が重要であることが分かるでしょう。ここでは詳しく書けませんでしたが、英語などソース言語にないジェンダー要素をターゲット言語の日本語ではことさらに強調することで、

ことばのジェンダー差が歴史的に保持されているという翻訳の機能も注目すべきです（中村 2013）。

参考文献

伊藤雄馬（2013）「タイ語の役割語に関する予備的報告」役割語研究会発表資料，大阪大学
太田眞希恵（2011）「ウサイン・ボルトの"I"は，なぜ「オレ」と訳されるのか―スポーツ放送の「役割語」―」金水　敏（編）（2011）pp. 93-125
ガウバッツ，トーマス・マーチン（2007）「小説における米語方言の日本語訳について」金水　敏（編）（2007）pp. 125-158
金田純平（2011）「要素に注目した役割語対照研究―「キャラ語尾」は通言語的なりうるか―」金水　敏（編）（2011）pp. 127-152
河崎みゆき（深雪）（2010）「"角色語言"探討―以中国方言電視劇為範本」（中国語の「役割語」を考える―中国方言ドラマを例に）『現代語文』pp. 80-84，現代語文雑誌社
金水　敏（2003）『ヴァーチャル日本語　役割語の謎』岩波書店
金水　敏（編）（2007）『役割語研究の地平』くろしお出版
金水　敏（編）（2011a）『役割語研究の展開』くろしお出版
金水　敏（2011b）「翻訳における制約と創造性―役割語の観点から―」杉藤美代子（編）『音声文法』pp. 169-179，くろしお出版
金水　敏・田中さつき・小島千佳・津田としみ・仲川有香里・中野直也・三好敏子・東　雅人・伊藤怜奈（著）岩田美穂・藤本真理子（要約）（2011）「大阪大学卒業論文より（2002～2010）」金水　敏（編）（2011a）pp. 249-262
鄭　惠先（2007）「日韓対照役割語研究―その可能性を探る―」金水　敏（編）pp. 71-93
仲川有香里（2008）『黒人登場人物の〈田舎ことば〉』大阪大学文学部平成19年度卒業論文
中村桃子（2013）『翻訳がつくる日本語―ヒロインは「女ことば」を話し続ける―』白澤社
福嶌教隆（2012）「スペイン語の役割語」対照研究セミナー（編）『CLAVEL』2：70-86，神戸市外国語大学
細川裕史（2011）「コミック翻訳を通じた役割語の創造―ドイツ語史研究の視点から―」金水　敏（編）（2011a）pp. 153-170
山口治彦（2007）「役割語の個別性と普遍性」金水　敏（編）（2007）pp. 9-25
依田恵美（2007）「〈西洋人語〉「おお，ロミオ！」の文型―その確立と普及―」金水　敏（編）（2007）pp. 159-178

13.3　役割語の音声とその翻訳について　　［勅使河原三保子］

　役割語の音声は，私たちの日常生活において声や話し方（声の出し方や発音の仕方）が果たす役割と大いに関係があります。私たちは日常生活において，声や話し方を聞いただけで，話し手の性格，身体的特徴，感情，出身地などに関する印象を瞬時に抱きます。たとえば私たちは電話で話しながら，まだ会ったことがない電話の向こうの相手の年齢や性別（「40～50代男性？」）に始まり外見（「大柄な人？」），性格（「ちょっとぶっきらぼう？」），そしてその時の気分（「あまり機嫌が良くないかも？」）などについて瞬時に想像することができます。このような印象は異なる聞き手の間でも驚くほど一致しますが，話し手の実際の特徴と

は必ずしも一致するわけでないことも知られています。たとえば電話の例で言えば，実際に電話の相手に会ってみたら，声を聞いて抱いた印象と全く違っていたという経験のある人も少なくないでしょう（「思ったより若くて小柄で感じのいい人だった！」）。このように私たちが話し方を聞いて抱く印象と話者の実際の特徴とが必ずしも一致しないのは，私たちが話者の話し方を聞いて形成する印象は声に関するステレオタイプ—こういう属性（性別，年齢，出身地，性格等）の人はこういう声で話すという，必ずしも事実と一致するとは限らない関係—に基づいているからです。この声に関するステレオタイプを「役割語の音声」と呼ぶことができます。

それでは聞き手は話し声を聞いて話者の正しい年齢や性別，体格，性格や感情などを推定できるのでしょうか。年齢や性別は声からある程度正確に推定できることがわかっています[2]。感情については，話者がその感情を感じている最中の音声を入手する困難さから，感情を演じた「ふり」の音声を用いて行う研究が多いです。その中でも「本物」の感情を表した音声にこだわった Erickson らの研究[3]では，本当に悲しい体験を経た話者がその体験を回想して悲しみながら発話した音声（本物の悲しみの音声）と，後からその音声の抑揚を模倣した音声を収録し，本物の悲しみの音声と模倣の悲しみの音声を被験者に聞かせたところ，驚くべきことに模倣の悲しみの方がより話者が悲しんでいる印象を与えたと報告しています。このことから，私たちは話し声から話者の感情をある程度正しく推定できるものの，私たちの判断は声に関するステレオタイプにも影響を受けると考えられます。

性格については 1930〜40 年代に聞き手が話者の性格を話し声からどのくらい正確に推定できるかという研究が，その後，話者の性格検査の結果と声の様々な音響的特徴を関連付ける研究が行われましたが，聞き手が話者の性格を当てたり，話者の性格と音響的特徴を関連付けたりするのは難しいことがわかりました。代わりに話者の本当の性格とは関係なく，聞き手の間で性格に関する印象が一致する，声のステレオタイプに基づくと思われる現象が繰り返し指摘されました[4]。

---

[2] たとえば年齢：Ptacek, P. H., & Sander, E. K. (1966) "Age recognition from voice." *J Speech Lang Hear Res* 9, 273-277.
性別：Perry, T. L., Ohde, R. N., & Ashmead, D. H. (2001) "The acoustic bases for gender identification from children's voices." *J Acoust Soc Am* 109, 6, 2988-2998.
[3] Erickson, D. *et al.* (2006) "An exploratory study of some acoustic and articulatory characteristics of sad speech." *Phonetica* 63, 1-25.
[4] 過去の研究の展望はたとえば以下を参照のこと：Brown, B. L., & Bradshaw, J. M. (1985)

1980年代以降は話者の性格自体に言及せず，素人の聞き手に声の音声的な特徴と話者の性格に関する印象を尋ね，二者の相関を調べる研究が一般的になっています。つまり，私たちが話し声を聞いて話者の性格を推定するのは一般的に不可能ですが，私たち聞き手が話者の性格について他の人と共通した印象を抱くのは，声に関する共通したステレオタイプを持っているからです。

　この声に関するステレオタイプはアニメや外国映画の吹き替え[5]，つまり声のみで人物像を描き分けなければならないような場において，大きな役割を果たします。声優は制作者，そして視聴者とも共有されているステレオタイプを基に，演じる人物の年齢や性別，容姿，性格などにふさわしいと受け取られそうな声・話し方を用いて，場面に応じた感情表現を交えながら音声のみで人物像を演じます。役割語の研究では主に小説や漫画の書かれた表現を基に，ヒーローは標準語を話し，脇役は非標準語を話すということが報告されていますが[6]，それでは，実際にそのような小説や漫画を基に制作されたアニメのヒーローや脇役はどのような声でどのように話すのでしょうか。

　今までに日本のアニメの音声における方言については研究されていませんが，北米で放映されたアニメの音声に関する研究では，日本の小説や漫画で観察される傾向と同様に，ヒーローは北米標準アクセントで話すのに対し，悪役はロシア語やドイツ語などの外国語訛り，あるいは否定的なイメージを持つ方言，つまり非標準的な訛りで話すことが報告されています[7]。それでは，アニメ音声においてヒーローか脇役かを区別する特徴は訛りだけなのでしょうか。

　日本のアニメにおけるヒーローと悪役の音声を比較した音声学的な研究[8]では，両者を区別する特徴として特に「話し手が話している間中多かれ少なかれ存在する特徴で，恒常的に存在する質」としての「声質」に着目し，分析者が音声

"Towards a social psychology of voice variations." In H. Giles & R. N. St. Clair (Eds.), *Recent Advances in Language, Communication, and Social Psychology* (pp. 144-181). Lawrence Erlbaum.

[5] 外国映画の吹き替えに関しては俳優と声優の結びつきが固定され，その結びつきが優先される場合もあります。

[6] 金水　敏（2003）『ヴァーチャル日本語 役割語の謎』岩波書店．第3章参照．

[7] Dobrow, J. R. & Gidney, C. L. (1998) "The good, the bad, and the foreign: The use of dialect in children's animated television." *Ann Am Acad Polit Soc Sci* 557, 105-119.
Lippi-Green, R. (2012) *English with an accent: Language, ideology, and discrimination in the United States, 2nd ed.* Routledge.

[8] 「声質」の定義や分析・実験の方法の詳細は以下に言及される他の文献も参照のこと：勅使河原三保子（2007）「声質から見た声のステレオタイプ―役割語の音声的側面に関する一考察―」（金水　敏編『役割語研究の地平』pp. 49-69．くろしお出版）

を繰り返し聞き，内省に基づいて唇，舌，喉頭などの発声器官ごとに，話している間の平均的な構えを導き出す，受聴による分析方法でヒーローと悪役の声質を記述しました。加えてこれらの音声的特徴と聞き手の印象との相関も調べています。その結果，まず受聴による分析では，ヒーローの声の出し方には声道の狭めがあまり観察されず，より標準的であったのに対し，多くの悪役の声の出し方には咽頭部の狭め（咳や咳払いをする過程に起こる喉の奥の狭めに等しい）や喉頭の下げが観察され，声道に狭めが生じていない中立の状態からの逸脱が大きかったことがわかりました。つまり，方言・訛り以外でもヒーローの声の出し方は悪役（脇役）より標準的であると言えます。さらに，悪役の声の起源として不快な感情を表す音声との類似性も指摘されています。また，素人の聞き手に対する聴取実験の結果，咽頭部の狭めの度合いが高いほど好ましくない印象（「ハンサム・美人でない」，「誠実でない」等）を与え，喉頭を下げて発音するほど「（体が）大きく」て「強い」印象を与えたことがわかりました。この印象はアニメ音声を日本語母語話者に聞かせた時だけでなく，イスラエルのヘブライ語話者に聞かせた時も共通であったため，言語・文化に依存しない普遍性である可能性があります[9]。では，もし役割語の音声の一部が言語・文化の違いを超えて普遍的であるとしたら，どうしてなのでしょうか。

　私たちが他人に会って相手の印象を形成する「対人認知」の過程においては，①「温かさ」（相手が敵か味方か，つまり自分に対する意図の善し悪しに関わり，相手の印象の好ましさに相当）と②「有能さ」（相手が意図を実行できる能力の有無に関わり，印象の極端さに相当）という基本的な2次元が役割を果たすと言われています[10]。そして，これらの次元は対人認知の下位分野である顔の知覚における知見を介して，鳥類・哺乳類の発声における2次元と比較することができ，そこからやはり対人認知の下位分野である音声に基づく印象形成において重要な役割を果たす二つの次元が以下のように仮定できます[11]。
　　第1次元：意図の善し悪し（音声的特徴：快・不快の感情を区別する声質）
　　第2次元：意図の実行可能性（音声的特徴：体の大きさと負の相関のあるF0とフォルマント周波数）

---

[9] 一方で個別文化の特殊性とも考えられる2国間の被験者の違いも指摘されました（勅使河原 2007：4.3 節）。
[10] Fiske, S.T., Cuddy, A.J.C., & Glick, P.（2007）"Universal dimensions of social cognition: Warmth and competence." *Trends Cogn Sci* 11, 2, 77-83.
[11] 勅使河原三保子（2009）「音声に基づく人物像の形成」『日本音響学会 2009 年秋季講演論文集』，pp. 489-492

つまり，これは私たちが人の話し声を聞いて相手の印象を抱く時に重要な次元は種の違いを超えて普遍的な発声の特徴であり，対人認知の枠組みでもとらえられるのではないかという仮定で，そうであるから言語・文化の違いを超えて普遍的なのではないかと考えるのです。もしそうならば，役割語の音声を翻訳する場合には，多少言語・文化の特殊性はあるものの，原作での人物像の描き方が属性に基づいて典型的であるならば，原作に近い声を用いるのが良いでしょう。

[コラム] ローカリゼーション

　マンガやアニメを他言語に訳す場合はキャラクタのセリフや地の文，背景の看板などが対象になります。しかし，ゲームではセリフを訳すだけでは成立しません。付属のマニュアルもそうですし，ゲーム内でもオプション設定やステータス画面，チュートリアルなどのユーザーインタフェースで用いられる表現（in-game text）の翻訳も必要です。翻訳者には，マンガ・アニメの翻訳とソフトウェアの翻訳の両方の技術が求められます。

　ローカリゼーションとは，地域Aで作られたものを地域Bで提供する場合，地域Bの文化や習慣，社会制度などに適応できるように対応させる作業です。ゲームの翻訳もローカリゼーションの一種です。あたかもそれが他国ではなく自国産のゲームだと思ってもらえるレベルにすることが理想といわれています。世界のゲームの市場の9割は北米・欧州そして日本で占められており，日本のパブリッシャーが世界展開する場合，北米向けの英語に加え欧州の主要言語であるフランス語・イタリア語・ドイツ語・スペイン語への翻訳（頭文字をとってFIGS翻訳といいます）が求められます。さらにこれからは，新興国向けのローカリゼーションにより，対象言語が増えコストや時間もますます増大します。

　翻訳の質はゲームの売れ行きに影響します。操作性が悪い，内容が面白くないなど質の低いゲームはしばしば「クソゲー」と呼ばれ非難・嘲笑されますが，昨今では海外のゲームの日本版についても，その訳がひどいだけでクソゲー呼ばわりされます。開発でのチェックとしてゲームの通しプレイが行われますが，そこでは内容やバグ（動作不具合）に加えて，セリフなどの言語も対象になっています。

　かつてのゲームでは，ローカリゼーションの重要性が十分に浸透していなかったので，翻訳も専門家でない開発者や営業担当が行う程度でした。そうすると珍妙な訳のまま市場に出回ることがありました。中でも有名なのが"All your base are belong to us."です。これは『ゼロウィング』（東亜プラン，1989年）というゲームの欧州版に現れるセリフで，文法も表現もおかしいままです。基地の乗っ取りを宣言するシリアスな場面にもかかわらず稚拙な英語で話すというギャップがウケたのでしょう。逆に海外ゲームの珍訳として，「コインいっこいれる」「あショックウェーブ」が知られています。これらの珍訳の原因となった文法的理由を考えると面白いでしょう。　　　　　　［金田純平］

第14課 マンガ・映画を訳す

14.1 マンガの日英翻訳　　　　　　　　　　　　　　［山口治彦］

14.1.1 翻訳と表現媒体

　マンガと映画はどちらも，登場人物のせりふを基本としてストーリーが構成されます。したがって，翻訳作業の対象は登場人物のせりふが中心になります。この点で両者は一致します。しかし，異なるところもあります。

　まず，映画の翻訳と言えば，英語の映画を日本語に翻訳することを考えるのではないでしょうか。他方，マンガは現在，日本語から英語に翻訳されるほうが圧倒的に多く，映画とは逆方向の翻訳を想定することになります。

　また，映画の場合，吹き替えか字幕かで翻訳の仕方は大きく変わります。吹き替え翻訳には，口を閉じるタイミングをオリジナルと翻訳でできるだけ同調させるリップシンキングという決め事がありますし，字幕翻訳は画面下部に2行までに収めるという制約があります。つまり，媒体の違いによって翻訳のことばは影響を受けます。

　これに対し，書記媒体を用いるマンガには吹き替えか字幕かの区分はありません。しかし，その一方でコマ割りがまずあって，コマのなかには絵と吹き出しと効果（音）が描かれるマンガは，ことばのジャンルとして個性的な表現形式を有します。この形式に根ざした独特の問題がマンガの翻訳にはかかわってきます。

　映画翻訳の吹き替えか字幕かという問題については，映画字幕翻訳に関する書物がかなり出版されています。そこでここでは，日本のマンガとその英語版を比較することで，表現媒体としての，そして日本語表現としてのマンガの特徴をあぶり出してみたいと思います。

　マンガは1980年代後半から英語に翻訳されはじめました。今ではmangaということばが英語にそのまま定着するほど，その存在は英語圏でも一般に認められています。しかし，翻訳に問題がなかったわけではありません。

　以下では，そういった経緯も念頭に置きながら，絵の左右反転，オノマトペ（擬音語・擬態語）の翻訳方法，そして言語音と非言語音の区別の3点について考えます。

14.1.2 左からか右からか

図 14.1.1 は双方とも高橋留美子の『めぞん一刻』の翻訳で，同じ出版社から出たものです。どの点が異なるでしょうか。

もちろん，絵の左右がさかさまになっていることが一番大きな違いです。なぜ，ひとつの作品に 2 種類の翻訳があるのでしょうか。もう少し具体的な尋ね方をすると，一方が初版の翻訳で他方が第 2 版なのですが，どちらが初版だと思いますか。

図 14.1.1 図 1：(*Maison Ikkoku*)
初版：『めぞん一刻』© 高橋留美子／小学館　英語版／VIZ Media, LLC 刊
2 版：『めぞん一刻』© 高橋留美子／小学館　英語版／VIZ Media, LLC 刊

答えは (a) です。マンガを英語に翻訳するとき右から読ませるのか左からなのかが問題になります。日本語の書記法に合わせてマンガは右から左へコマが配置されますが，英語は左から右へ横書きで書くので読者は通常，左から右へ読もうとします。そこでマンガの翻訳が出はじめた当初は，原作の絵を左右反転させて効果に使われるオノマトペも描き直して，出版されました。読者が読みやすいように当該言語の作法・当該文化圏の流儀に合わせて翻訳したわけです。こういう翻訳の仕方を同化翻訳と呼びます。その逆が異化翻訳です。

英語にいち早く翻訳されたものとしては，高橋留美子のほかにも，大友克洋の『AKIRA』や鳥山明の『ドラゴンボール』，宮崎駿の『風の谷のナウシカ』などがあります。これらは最初，左右反転で出版されました（『AKIRA』は今も左右反転のままです）。

左右反転の同化翻訳出版は手間がかかります。時計や看板などは，その部分だけオリジナルのまま残すか描き直さねばなりません（図14.1.1を参照）。オリジナルのオノマトペを消して英語の効果音を入れるのも，その数を考えると大変な作業です。それほどのコストを払っても自国の読者が読み慣れた形式にマンガを落とし込んだのです。

ところが，この左右反転の同化翻訳に対してマンガの描き手からほどなく反対の声が上がります。漫画家が意図しなかった構図で作品を見せるのはおかしい，というのがその理由です。図14.1.1（b）の第2版は，そのような声を背景に生まれました。

第2版では，(b) の最初のコマにおけるように，吹き出しのなかのせりふは左から右への横書きで描かれているのに，吹き出しのまとまりごとに右（"I'm leavin' I tell ya! Leaving!"「出てゆく 出てゆく‼」）から左（"Now, now, hold on. Calm down."「まあ 待ちたまえ，まあまあ」）へと読まねばなりません。慣れるまではかなり読みづらいフォーマットです。でも，そのほうがオリジナルの雰囲気が味わえてクールであるというのが最近の受け取り方で，この体裁での翻訳が定着しています。英語の世界においてもmangaは右から読むものなのです。

マンガはこのように，翻訳に際して日本語のあり方を強く感じさせるジャンルです。翻訳されてもなお，日本語らしさが残る特殊なジャンルとしてmangaはあるのです。

14.1.3 オノマトペ翻訳の方法

異化翻訳が定着するなかで，オノマトペ（擬音語・擬態語）の翻訳方法は複数生まれました。たいていの作品は，『めぞん一刻』のようにオノマトペを英語で描き直してあります。オノマトペによる効果も絵の一部としてデザインされるので，それには触らないという方針を貫く翻訳もあります。『風の谷のナウシカ』がそうです。その中間を行く翻訳もあって，たとえば『のだめカンタービレ』や『涼宮ハルヒの憂鬱』では，オリジナルの日本語オノマトペの脇に英語の訳が（『ハルヒ』の場合は日本語の発音も）補注として小さく記入されています。

さて，オノマトペの翻訳がマンガで問題になるのは，原作者の表現を保持する

という理由だけではありません。オノマトペの生産性および言語音と非言語音のとらえ方に日英で差が見られるために，英語への翻訳が単純ではないからです。まず，生産性の違いからくる問題についてお話しします。

オノマトペは日本語において多用される傾向にあります。英語ではそのかぎりではありません。日本語においてオノマトペが使いやすい理由は複数あります。

(1) a. 副詞（または形容動詞）として文の主要部以外で補助的に使われる
　　b.「と」を用いてオノマトペを自由に導入できる
　　c. オノマトペに音韻上の規則性が認められる

オノマトペは意味が感覚的に理解される度合いの強い語です。(1a) に見るように補助的に使われるので意味がさほど明確でなくとも，「だいたい」で使えます。文に挿入しやすいのです。ところが英語では，オノマトペはふつう動詞もしくは名詞としてはたらきます。文の主要部を担いますし，3人称単数による一致や単数・複数の別など，文法による縛りが存在します。

さらに「と」を用いればたいていなんだってオノマトペ的に用いることができます。また，(1c) にあるように，「どんどん」「ぱくぱく」など2モーラ（拍）の構成素を繰り返したり，「きりっ」「ずしん」のように語末に促音や撥音を付加したりすると，その語はオノマトペとして認知できます。分かりやすい規則があるので，それに合わせればオノマトペとして通るのです。

英語にはこれに匹敵するルールはありません。そしてオノマトペの語彙としての数は，日本語のほうが圧倒的に多いのです。とりわけ擬態語は英語にほとんどありません。すると，マンガで多用されるオノマトペの翻訳に問題が生じます。翻訳しようにも対応することばが英語に存在しないからです。

ちなみに，マンガにおけるオノマトペの翻訳例をいくつか挙げておきます。

(2) a. ガチャ（ドアが閉まる）：klik　　　　　　　　　　　(*Death Note*)
　　b. じっろー（睨みつける）：glare　　　　　　　　　　(*Naruto*)
　　c. ニコニコ（笑顔が）：smile smile　　　　　　　　　(*Death Note*)
　　d. ポロ（涙が）：snif　　　　　　　　　(*Lum: Urusei Yatsura*)

「ガチャ」の *klik* は，ドアが閉まるときの音 *click* の綴りを変更したもので，"k" の音を使うことで金属的な感触が強調されています。「じっろー」は擬態語でこれに単純に対応する擬態語は英語にありません。そこで相手を睨みつける行為を表す *glare* を転用しました。日本語に訳し直すと「にらむーっ」とやったような感じです。(2c) の「ニコニコ」になるともっと苦しい。微笑むことを意味する *smile* が繰り返されています。最後の *snif* は努力賞ものです。「ポロ」に当たる

語がないので，涙が出る際によく行う行為（フンと鼻をすする）を表す sniff に
すり替え，その綴りを少し変えました。

　マンガを翻訳しようと思えば，絵の効果として用いられたオノマトペに対する
訳を与えねばなりません。訳をはずせないのです。しかし，日本語と英語とのあ
いだにはオノマトペの生産性に違いがあるだけに，それはなかなか簡単ではあり
ません。そこで（2）に見るような工夫が必要になるのです。

　オノマトペは日本語のマンガに必要不可欠な要素です。ところが，英語のマン
ガにはアラン・ムーアの『V フォー・ヴェンデッタ』のようにオノマトペがほと
んど使用されていないものもあります。そう言えば，ドイツからの留学生が（2c）
に不満を漏らしていました。にこやかな顔がそうと分かるように描かれているの
に，なぜわざわざ「ニコニコ」とやらねばならないのか，と。たしかにそうです。
でも，日本語話者の感覚からすると，「ニコニコ」はやはりあったほうがいい。
オノマトペが多用されることは，日本のマンガの一大特徴です。

14.1.4　言語音と非言語音

　さて，このようにオノマトペの英語への翻訳を観察していると，言語音と非言
語音の区別のつけ方について日英の間に違いが見られることに気づきます。(2a)
と (2d) では既存語彙の綴りが変更されていました。*click* と *klik*, *sniff* と *snif* は，
それぞれほぼ同じ音を表します。では，なぜ綴りを換える必要があったのでしょ
うか。既存の語彙を効果音として利用しながらも同じ形式（綴り）は避けようと
する意図がはたらいたのではないでしょうか。*Superman* や *Batman* のようなア
メリカンコミックの効果音を見ているとそう思えてきます。

　　(3)　a. KBLAMMM（ピストル発射音）　　　　　　　(*Batman: Year One*)
　　　　 b. KRKRRRNCHH（怪力でつかむ）　　　　　　　(*Superman: Last Son*)

　(3) はアメリカンコミックから採りました。英語ではありえない子音の結合
("kbl") や子音のみの結合 ("krrrrnchh") が見られます[1]。ここで表現されてい
るのは，言語音とは区別されたノイズなのです。この点が日本のマンガにおける
効果の表現と大きく異なるところです。

　日本語は母音と子音が結びついて各音を構成します。その仮名表記は言語音か
非言語音かの違いを英語のようには表現できません。日本語話者は，身の回りの
音や様態を言語音と区別せずにオノマトペによって表現しますが，英語話者は言

---

[1]　(3b) は既存の語彙 *crunch*（バリバリと砕く）を想起させます。

語音か非言語音か，人間的なものかそうでないのかで区別したがるようです。
　この辺りの区別がもっともはっきりと現れているのが『風の谷のナウシカ』の翻訳第2版です。初版は左開きで擬音もすべて英語表記だったのですが，第2版では効果としてのオノマトペ（たとえば機関銃の音）は「ズンズンズン」というふうに，日本語オリジナルのまま提示されます。しかし，登場人物の息づかいを表す擬音は吹き出しの外に"HAHH HAHH"と記され，初版の英語表記を引き継いでいます。つまり，無機的な効果音と人間が口から発する音とは区別されているのです。日本語のオリジナルでは両者の表現にこのような区別はありません。区別しようとする発想すらないと思います。効果音のとらえ方（聞きなし方）に関する日英間の違いがもたらした結果だと言えるでしょう。

14.1.5　おわりに

　マンガは日本の文化のなかで育まれ高度な表現性を持つまでに至りました。吹き出しのせりふと絵や効果が結びついた複雑な表象形式をしています。それだけに，ほかのジャンルでは見られないことが翻訳を介して確認できました。日本語原版と英語翻訳を比較することで翻訳の際の工夫だけでなく，日本語独特の特徴やマンガのジャンルとしての特色がいくつか明らかになったのではないでしょうか。

14.2　日本語学的なおもしろさ　　　　［森　篤嗣］

14.2.1　絵の左右反転

　左右反転と言えば思い出すのが，レトロな看板ではないでしょうか。例えば，図14.2.1のようなものです。みなさんはこのような表記についてどう感じるでしょう。この看板のような「右から左への横書き（右横書き）」はレトロで古くさく，本書の本文のような「左から右への横書き（左横書き）」は英語と同じで現代的だというように考える人も多いのではないでしょうか。実はこのレトロさを感じさせる右横書きは，厳密には「右から左へ書いた横書き」ではないのです。

図14.2.1　「味の素」のホーロー看板（写真提供：味の素株式会社，食とくらしの小さな博物館）

　実は写真のような右横書きに見えるのは，実は「一行一文字の縦書き」なので

す。意味がわかったでしょうか？ 写真をじっくり見てください。一行目は「味」だけで終わりです。二行目に行きます。つぎの行も「の」だけで終わりです。そして，三行目も「素」だけで終わりなのです。三文字で三行を使う贅沢な縦書きなのです[2]。ルビや「株式会社」，「東京」，「大阪」などが縦書きになっていることがその証拠と言えます。また，戦後の横書きの急速な普及は政府主導ではなく民間主導の出来事であることや，「戦前・戦中は右横書き，左横書きは戦後になってから」というのは伝説に過ぎないといったこともわかっています[3]。

つまり，もしマンガを英語に翻訳するとき，「左右反転はするけれども，オノマトペはそのままにする」という方針を採ったとき，横書きのオノマトペの方向が逆になっていても「これは一行一文字の縦書きである」と思い込めば違和感はないということになります。あ，駄目ですね。文字が鏡文字になってしまいます。ともあれ，ネットで縦読みも流行っていることですし，それを90度倒した「一行一文字の縦書き」も復権してもおかしくありません。

14.2.2 オノマトペの翻訳方法

日本語はオノマトペが豊富な言語として知られています。小野（2007）では，4,564語のオノマトペを見出し語として収録しています。この4,564語について，小野氏のインターネット上で読めるコラムでは，『日本国語大辞典 第二版』が基になっており，最近のマンガなどにあるようなオノマトペは採録されていないと述べられています[4]。となると，もっと数は多くなることが予想されます。それだけ数が多いと，翻訳をする場合にぴたりと合う英語がないというのは無理もありません。

ぴたりと合う英語がない場合，次善策として考えられるのが，文で説明的に表すという方法です。しかし，オノマトペの長所は「短く端的に表現できる」ということです。例えば，マンガの登場人物が顔に苦悶の表情を浮かべながら，お腹をおさえている場面で，「キリキリ」とオノマトペが書き込んであれば，状況をたった4文字（4モーラ）で理解することができます。しかし，これを文で説明すると「細い針のようなもので刺すような痛みが何度も襲ってくる」と26文字（31

---

[2] 最近になって，ネットで復権した縦読みに通ずるものがあります。ちなみに縦読みは，ネット発祥というわけではなく，伝統的な言葉遊び（折句）の一種です。一見すると通常の文章ですが，各行の頭文字をつなげるとメッセージが表れる文章のことです。
[3] 興味のある人は屋名池（2003）をお読みください。
[4] http://onomatopelabo.jp/column/index.html

モーラ）にもなってしまいます[5]。こんな説明的な文（日本語ではなく英語に翻訳して，ということになりますが）が，マンガの随所に書き込まれていたら，うんざりすること請け合いです。だいたい，意味がわかっても，そんなに説明的だと，痛みという感覚から遠ざかりすぎです。あまり文句を言わず，翻訳者の苦労を味わいつつマンガを愛でるのが良さそうです。頑張れ！ 翻訳者！

14.2.3 言語音と非言語音

　日本語にあるもので英語にないもの，一方で，英語にあるもので日本語にないものを理解するのは，直観レベルの話なので，非常に困難を伴います。「日本語にあるもので英語にないもの」で言えば，「ある」と「いる」の区別や，「兄弟姉妹」など年の上下による区別などがあります。「英語にあるもので日本語にないもの」は，単数形と複数形の区別や，lとrの発音の区別などです。区別がある側の言語話者にとっては，「なぜそれを区別しなくて平気なんだ！」と思いますが，区別がない側の言語話者にとっては，「なぜそれを区別する必要があるんだ？」と思うわけですので，全くと言っていいほど話がかみ合いません。仕方がないことだと思うしかありません。

　マンガにおける言語音と非言語音との区別もまさにこれで，英語母語話者にとっては「なぜそれを区別しなくて平気なんだ！」と思うわけですが，日本語母語話者にとっては，「なぜそれを区別する必要があるんだ？」と思うわけです。不毛なようですが，こうした違いを見つけて喜ぶのが言語学者というものなのです。「マンガの翻訳が，見えない言語の違いをあぶり出す」という文言にロマンを感じたら，あなたも言語学者向きと言えるかもしれません。

参 考 文 献
小野正弘（編）（2007）『日本語オノマトペ辞典』小学館
屋名池誠（2003）『横書き登場―日本語表記の近代』岩波書店

14.3　映画の字幕翻訳　　　　　　　　　　　　　　　　［金田純平］

14.3.1　字幕派と吹き替え派

　2013年に映画専門放送局のスターチャンネルが行ったアンケート調査では，外国語映画において字幕版と吹き替え版のどちらを選ぶかという質問に対し，吹

---

[5] このネタも注3の小野氏のコラムから使わせて頂きました。

き替えを選ぶと回答した人が58.5%を占め，さらに自宅で見る場合は実に86%が吹き替え派という結果でした[6]。吹き替えを好む主な理由には「ストーリーを楽しめる」という回答が多数で，逆に字幕の問題点には「字幕に追いつくことに集中して内容把握が浅くなる」ことが挙げられていました。吹き替えでは目を映像，耳を音声に集中させて自然に視聴できるのに対し，字幕では目が映像と字幕の両方を追うことを要求され，ストーリーをところどころ見落としてしまうかもしれません。この節では，そんな日本語字幕翻訳の特徴について，言語研究の観点から考えます。

14.3.2 「1秒4字」の原則

字幕翻訳には吹き替え翻訳と比べて様々な制約があります。なかでも業界のルールとして有名なものに「1秒4字」というものがあります[7]。これは，セリフ1秒あたり4文字以内に収めるというものです。日本語母語話者の話す速さは1秒間で平均8モーラ程度，字数換算すれば6.15字[8]ですが，字幕は吹き替えに比べて約3分の2の分量でかつ最低限自然な日本語として表現することが求められます。

この「1秒4字」の原則は，吹き替え翻訳の草分けである田村幸彦氏と清水俊二氏が何度も試写を繰り返して経験的に決められたものです。そこで，この原則を裏付ける根拠について考えてみましょう。まず，速読訓練を受けていない成人の日本語母語話者の黙読による文章の読字速度は1分あたり600字程度といわれています。これは1秒あたり10字です。次に，映画の視聴中に字幕が表示されたとき，視点を字幕へ移動するための眼球移動，つまり「見ているが読んではいない時間」が存在します。向後・岸（1996）によると字幕が表示されている時間のうち実際に読んでいる時間がおよそ半分であることが報告されています。したがって，映像を伴う場合1秒間に実際に読むことができる字幕は5字程度になるので，「1秒4字」の原則は妥当な目安であることがここから裏付けられます。

14.3.3 「1秒4字」のための技術

「1秒4字」の原則を守った翻訳を行うにあたっては思いきった省略が必要です。重要でない修飾語は省略の対象です。また，場面や文脈からすぐにわかるものは

---

[6] PR Times「スターチャンネル調べ，映画鑑賞スタイルの変化と高まる吹替え需要の実情とは」http://prtimes.jp/a/?c=8010&r=1&f=d8010-20130812-9061.pdf （2014年2月18日アクセス）
[7] 清水（1988），岡枝（1988）など．
[8] NHKの番組における発話速度と文字数あたりの比1.3（最上 1999：43）で除して算出．

英語では代名詞に置き換えますが，日本語ではそれが重要でない限り省略します。省略の例を見ましょう。

(1) I saw him yesterday in New York.[9]

このセリフは約2秒で言ったものなので，8字以内に収めなければなりません。したがって「昨日ニューヨークで会った」では12字となりダメです。この場合はこの文で重要な部分だけを残して「ニューヨークで」とします。字幕ではこのような体言止めならぬ「助詞止め」がよく登場します。

なぜ助詞止めが多用されるのでしょうか。話し言葉において日本語では一発話が《自立語＋助詞・助動詞》の文節単位で行われるのに対し，英語では節つまり動詞を中心とする単位になる傾向があります（Iwasaki 1993）。したがって，場面から動詞の示す内容が明らかであれば，名詞＋助詞の文節だけで文相当のものとして成立するので，この仕組みを字幕翻訳は利用しているわけです。

省略の他には，簡略化があります。訳すと長くなりがちな固有名詞や複合語を上位概念の一般名詞に置き換えるというものです。次の例はskyscraper「高層ビル，摩天楼」を上位概念の「ビル」に置き換えて字数を節約します。

(2) I used to work in that skyscraper.

問題のビルを指して言う場面であれば，「あのビルさ」さらには「あれだ」にできます。

もう一つの工夫は漢字を用いることです。「うそでもうれしいわ」よりも「嘘でも嬉しいわ」と少々難しい字でも敢えて使うことで，文字を節約するだけでなく読みやすさも高まります。これは，漢字かな交じり文とひらがなだけの文を理解する場合，漢字のある方が速くなるという実験からも裏付けられています。

14.3.4 無いはずの文末形式

字幕翻訳は省略や簡略化によって字数を抑えるだけでは不十分で，あくまで日本語として自然な表現にしなければなりません。その際に問題となるのが文末形式です。原語では表現されていないのにもかかわらず日本語では「です」や「ね」を補う必要があり，文字を節約したい字幕翻訳にとって難儀な要素です。相手や状況によって敬語にして，役柄の性や年齢，性格などに応じた役割語（第13課

---

[9] 岡枝（1988：4）より。

を参照）の文末形式を選ぶなどの工夫が必要です。

しかし，この文末形式の追加には隠れたメリットがあります。日本語は述部が最後に来る語順のため，同じ文末形式が繰り返されがちで単調になりやすく，視聴者の退屈を誘います。そこで，役割語として不自然にならない程度に終助詞等を複数使い分けて単調になるのを防ぎます。たとえば，女性のセリフであれば文末に「の」と「わ」を使い分けることで同じ文末形式の連続を避けます。

(4) For heaven's sake, no one's watching us. ／ I love you. ／ I miss you.
「誰も見てない<u>わ</u>／好き<u>よ</u>／淋しかった<u>の</u>」

これに，接続助詞の中止法（例「〜けど」「〜なら」）や先ほどの助詞止めを組み合わせれば文末のバラエティを更に増やすことが出来ます。

14.3.5　最後に

字幕翻訳は誤訳が多いという批判がしばしばなされます。専門用語の取り違えや語彙選びのミスによる誤訳はチェック不足として批判されるべきです。しかし，原語のセリフに忠実でないという批判は，原語・翻訳語間の文法・語法の違いに加え，字幕翻訳に特有な制約にも起因しています。ともあれ，次に映画を字幕で見るときには，一度どんな工夫が行われているのか観察してみてください。ただ，ストーリーを追うのには支障をきたすかもしれませんが……。

参 考 文 献

岡枝慎二（1988）『スーパー字幕入門 映画翻訳の技術と知識』バベル・プレス
向後千春・岸　学（1996）「字幕映画の視聴における眼球運動の分析」『日本教育工学雑誌』20(3), pp.161-166
清水俊二（1988）『映画字幕の作り方教えます』文春文庫
最上勝也（1999）「ニュース報道の読みの速さとその計測法」『言語』28(9), pp.40-43, 大修館書店
Iwasaki, Shoichi (1993) "The structure of the intonation unit in Japanese," *Japanese/Korean Linguistics*, vol. 3, pp. 39-51

第15課 笑いを訳す

15.1 落語の翻訳 ［北川千穂］

15.1.1 落語の翻訳

　落語は江戸時代に成立し，現在に続く日本の伝統的な話芸です。噺のそこここに笑いが仕掛けられています。その笑いを翻訳するのは一筋縄ではいきません。駄洒落は音の偶然の一致にたよっているのでそのまま別の言語に翻訳することはできませんし，笑いの多くはその言語が話される社会の文化情報を背負っています。だから，翻訳に際し工夫が必要なのです。加えて，落語の噺は，江戸時代を舞台にしたものが多いので，江戸時代独特の文化・風習にかかわることもそのまま翻訳する訳にはいきません。本節では，落語のDVDの字幕翻訳と，落語家が英語で演じるための翻訳を取り上げ，その中で文化と笑いがどのように訳されるのか考えてみましょう。

15.1.2 独特の文体を訳す

　まずは落語のDVDのための字幕翻訳をとりあげます。ここで取り上げるDVDの字幕翻訳は，桂文珍の『大東京独演会DVD全10巻』を，現在唯一の外国人落語家の桂三輝と共に筆者が翻訳したものです。
　落語はせりふを中心に構成されるので，翻訳では主にせりふを訳すことになります。せりふの中には独特なせりふ回しのものが出てきます。例えば侍ことばがそうです。「蔵丁稚」という芝居好きの丁稚の噺から例をとって，独特なせりふ回し，文体の訳し方について考えてみましょう。この噺では丁稚が忠臣蔵の芝居のまねをする場面があります。

> (1) 丁稚：これはこれは，ご上使とあって石堂殿，薬師寺殿にはお役目ご苦労に存ずる。ご苦労休めに御酒一献，積鬱を晴らしもうさん

　幕府からの上意を伝える使いである上使に対し，疲れを癒すためにとお酒を勧める場面。「存ずる」や「晴らしもうさん」などの特徴的な言葉遣いから，この文を読んだだけで侍のことばだと分かりますね。このような特定の人物像が連想できる「役割語」は，日本のフィクションでは多く見られますが，それぞれの役割

語に対応する英語の役割語はなかなか見つけることはできません。さあ，この侍らしい言い回し，侍の雰囲気を出すためには，どう訳せばいいでしょうか．

(2) Decchi: I bid thee welcome, Ishido and Yakushiji, esteemed emissaries. A drink to rest thy wearied limbs, and set aside all troubled thoughts.

いかにも侍が話しそうな，古くて格式ばった言葉にするため，bid（say），thee（you），thy（your）など，古い英語を使いました．また，「ご上使」は，esteemed（尊敬すべき）emissaries（上使）で敬意を，「積鬱」は troubled（やっかいな）thoughts（心配）とし，心に積もる心配や憂鬱を表しました．trouble も thought も基本語ですが，troubled thoughts と続けた言い方は日常語ではまずお目にかかれません．また，wearied（疲れた）limbs（手足）を休めてもらうことで，「ご苦労休め」を表現しました．それぞれ，文語的に訳し，堅苦しさを出しました．こういった堅苦しさも侍ことばを訳出する際には重要な要素となります．

原文の日本語では，役割語がキャラクターにかかわる情報を観客に伝えています．侍は日本文化に独自の存在ですから，その役割語に当たるものは英語にはありません．だからといって，同じ意味の単語で置き換えるだけではそのキャラクター情報は伝わりません．そこで今回は，古く堅苦しい英語を使うことで，原文の文体に合わせ，キャラクター情報も翻訳する工夫をしました．

15.1.3 駄洒落を訳す

落語にはジョーク，駄洒落がつきものです．落語に出てくる駄洒落の中でも，オチで使われる駄洒落は必ず訳さなければなりません．

ここでは，オチで駄洒落が使われる落語「地獄八景亡者の戯れ」を例に考えてみましょう．この噺は，あの世で，天国か地獄か決めてもらうため，閻魔大王のところまで行くというお噺です．「地獄八景亡者の戯れ」のオチは，地獄行きを告げられた 4 人の男たちが，大暴れしたため閻魔大王の怒りを買い，人を飲む男，人呑鬼（じんどんき）に飲み込まれてしまいます．しかし，男たちは，おなかの中でも大暴れ．困った人呑鬼は 4 人をからだの外に出すべく力みますが，男たちもしっかり掴まって出てきません．困り果てた人呑鬼，閻魔大王様のところへ言ってお願いをします．

(3) 人呑鬼：あ〜こらだめじゃあ〜 大王様，申し上げます ははは〜
　　大王様：どうしたんじゃ，あ〜人呑鬼

人呑鬼：もうこうなると，あんたを飲まなしゃあない
大王様：わしを飲んでなんとする
人呑鬼：あ～，「大黄」飲んで，下してしまうんじゃ

　オチが同音異義語の「大王」と「大黄」の駄洒落で，しかも，大黄は便通をよくする薬。これを飲めばおなかの中の男たちを出す事ができるという訳です。さてこれをどのように英語に訳せばいいでしょうか。

(4) Jindonki: This is terrible! Enma-sama.
　　Enma:　　What's wrong, Jindonki?
　　Jindonki: Enma-sama, I need you inside me!
　　Enma:　　Me? Why?
　　Jindonki: If I have an Enma, it will empty me out!

　観客は，この文脈でEnmaと言えば，浣腸剤のEnemaを連想します。日本語原文では「大王」と下剤の「大黄」が掛け合わされていましたが，翻訳ではEnma（閻魔）にほぼ同音のEnema（浣腸剤）を掛けてあります。Enemaを飲めばempty me out（私のお腹を空に）してくれるというわけです。呼びかけは，日本語では，「大王様」と「閻魔様」が両方でてきますが，英語ではEnma-samaで通しています。実はEnemaにたどり着くまで別の訳がありました。大黄の訳をDaio medicineとしたのです。その場合は，音を合わせるため，呼びかけをEnma-samaのかわりにDaio-samaと変更をする必要がありました。つまり翻訳版のオチの言葉を何にするかに応じて，閻魔大王への呼びかけ語も変更せねばなりません。オチが重要であるという落語の特徴が翻訳に影響を及ぼす例です。

15.1.4　観客の反応に合わせて訳す

　落語家はその日，その場の観客の反応を見ながら，表現や言葉を少しずつ変えてゆきます。脚本はそのような過程を経て試行錯誤で固められてゆきます。翻訳版の脚本もその点に関しては同じです。ひとつその例を紹介してみましょう。
　桂三枝（六代桂文枝）の「宿題」という創作落語を，弟子の桂三輝が英語に翻訳して演じています。三輝はその英語版を幾度か修正してきました。この「宿題」は，小学6年生の息子の宿題に悩まされる父親の噺です。その中で算数の文章問題を読み上げる場面があります。

(5) 月夜の晩に池の周りに鶴と亀が集まってきました。

　まずは，次のように訳しました。

(6) On a moonlit evening, cranes and turtles have come together around a pond.

　三輝は，できるだけ「そのまま」訳すことを好みます．最初は「そのまま」を同じ意味の語句で置き換えることと考え，「月夜の晩に」は on a moonlit evening,「鶴と亀」は cranes and turtles,「池の周りに」は around a pond と，直訳的な訳をつけました．

　ただ，このネタを実際に落語会で日本語で演じると，この (5) の部分だけで，文章問題の文面が文学的だ（「月夜の晩」「池の周りに」という情報は計算には不要）という理由で，くすくす笑いが起こるのです．しかし，英語ネイティブの前で (6) の訳で話しても笑いは起こりません．この時点での観客の理解・感じ方が日本語と英語では異なるからです．しかも，crane が英語圏の人たちにはピンと来ないことも問題でした．そこで，英語ネイティブの人たちに少しでも理解してもらえるよう，crane を flamingo に変えてみました．

(7) On a moonlit evening, flamingos and turtles have come together around a pond.

　すると flamingos のところで少し笑いがおこりました．ただ，その笑いは，flamingo という思いもかけない単語が出てきて笑っているようでした．本来は，くすくす笑いが起こるところですので，笑いの種類が違います．しかも，せっかくの日本伝統芸能の落語ですから，フラミンゴに変えてしまわず，鶴と亀という言葉が醸し出す日本情緒を残しておきたいところです．日本の情緒を守り，しかも文学的な文章問題であることのおかしさを保つためには，どうすればよいか考えてみました．

(8) On a warm summer's evening under a waxing moon, forest green turtles and red crested cranes have gathered together around a quiet pond.

「月」を waxing moon（満ちてゆく月）にするなど文語調の文体にし，全体的に形容詞をつけ，計算問題には不要の情報を増やしてみました．同時に詩的なリズムもでてきました．また，red crested cranes や forest green turtles とすることで，鶴の姿を思い出させ，赤と白の華やかなすらっとした鶴の姿と，地面に這いつくばっている深緑色の亀の姿の対比もできました．そしてこの文章問題を読むだけで日本語と同じようなくすくす笑いが起こりました．こうすることで，その次の「ほんまに算数の宿題か．国語の問題やったらおかあちゃんに聞きや」という父親の台詞が生きて，大きな笑いが起きました．単に英訳をするというのでは

なく，同じところで同じ笑いが起きる，同じレベルの反応をしてくれる．落語には特にそのための翻訳が必要なのです．

しかし，これでは三輝のポリシー「そのまま」訳すことに反するのではないでしょうか．「そのまま」訳すことが，直訳的に語句を置き換えることだとすれば，(8) は，「そのまま」訳していることになりません．しかし，実は (8) の訳こそ本来三輝の意図していた「そのまま」訳すことになるのです．なぜでしょうか．

この文章問題は，「鶴と亀がいました．頭を数えると16，足を数えると44．鶴は何羽，亀は何匹でしょう」という文言だけでいい問題です．それをわざわざ「月夜の晩に」や「池の周りに」を加え，算数らしくない「文学的」なものにしています．しかし英語で「月夜の晩に」や「池の周りに」に相当する言葉を入れただけでは文学的な要素は感じられません．(5) の日本語原文は，計算に必要な情報（鶴と亀）までに不要な要素が2つ（「月夜の晩に」と「池の周りに」）あり，計算とは無関係な飾りのことばだと気づきやすい構成になっています．他方，(6) には鶴と亀（cranes and turtles）までに on a moonlit evening の1つしかありません．語順を変えて around a pond を前に置くと少し不自然です．そこで (8) のように，on a warm summer's evening と under a waxing moon の2つの不要な要素を前に置いて，算数らしくない要素を追加しました．形の上では原文から遠ざかりますが，このほうが「そのまま」訳したことになるのではないでしょうか．日本語原文のニュアンスやリズムを，そして観客の反応を，できるだけ「そのまま」に残すからです．語句を直訳的に置き換えるだけでは原文の効果が失われることがあるのです．

このような修正は，DVD字幕翻訳ではできません．落語家がひとつの噺を固めるために何度も観客の前でやってみなければならないのと同じように，何度も英語話者の前で実際に落語をやってみて，反応を確かめ，試行錯誤で固めてきた翻訳です．常に観客の前で行う落語だからこそ，何度も試し，反応を見ることができます．一人で行う落語だからこそ，自身で自由に修正できるのです．本来の落語を英語で楽しんでいただくための翻訳を作り上げるには，そういう努力が必要なのです．

15.1.5 まとめ

本節では，落語の特徴のいくつかを挙げ，落語ならではの翻訳についてお話しました．独特な文体をもつせりふをどう訳すか，オチとして終わらねばならない駄洒落オチをどう処理するか，そして日本語で行うときと同じ反応を得るために

はどうするか。そういった問題を取り上げました。いずれも語句を置き換えただけでは，解決できないものです。字面を訳して内容だけを伝えても原文を「そのまま」忠実に訳したことにはなりません。英語で落語を聞いた観客が日本語で話した時と同じイメージ，感情，反応を持つのが，落語翻訳においては理想の翻訳なのです。

しかし，これは結局のところ落語の翻訳だけに言えることではありません。言語はそれぞれの文化に深く関わりのあるものです。単純に字面だけを訳すのではなく，その意味を奥深くまで読み解き，内容もニュアンスも伝えなければなりません。今回，落語というジャンルの特徴を考えながら翻訳をしていくことで，そのことを再確認できたのではないでしょうか。

本節の執筆に際して様々なご協力を頂きました桂三輝氏に深謝いたします。

参 考 文 献
桂　文珍（2010）『桂文珍 大東京独演会 DVD』よしもとアール・アンド・シー

15.2　モンティ・パイソンの翻訳　　　　　　　　　　［金田純平］

15.2.1　英語圏の笑い：「モンティ・パイソン」とは

北川千穂先生に日本の落語の英訳についてお書きいただきましたので，ここでは英語圏の笑いの日本語訳について考えてみましょう。

英国はコメディ大国としても知られていますが，なかでも現代コメディの金字塔を打ち立てたのがモンティ・パイソン（Monty Python）です。6人のコメディアンが企画・脚本と出演のすべてを担当し，王室や宗教，政治，歴史，芸術，映画やテレビ番組などあるゆるものをネタにした笑いを世に放ちました。1969年に放送が開始された *Monty Python's Flying Circus*「空飛ぶモンティ・パイソン」は英国の若者の心をつかみ，後に日本を含め各国でも放映されました。映画も3本制作され，世界中のコメディアンやクリエイターに多大な影響を与えてきました。その意味では日本の落語に負けず劣らず，現代に通用する笑いの「古典」になっているといえます。

ここでは，モンティ・パイソンにおける笑いの翻訳について取り扱いながら，その笑いの世界を少し紹介したいと思います。

And now for something completely different 「それではお話変わって」
It's...　　　　　　　　　　　　　　　　　　　　「行くよ」

15.2.2　パロディ

　モンティ・パイソンを見ていて一番わかりやすいのは映画やテレビ番組，あるいは文学作品のパロディです。ここでは，「スーパーマン」のパロディである "Bicycle Repairman"（自転車修理マン）について紹介します。スーパーマンばかりが住む国で，あるスーパーマンが自転車に乗っていると突然車輪が外れて転倒しました。何もできないスーパーマンたちが "If only Bicycle Repairman were here."「自転車修理マンがいたらなあ」とつぶやいていたところ，あるスーパーマンがその正体である作業着を着た職人風の自転車修理マンに変身し，救助に歩いて向かうという話です。その道中で，道路工事をしている普通のスーパーマンたちが自転車修理マンを見てこう叫んでいます。

(1) Superman 1　Oh look... Is it a Stockbroker?　　「見ろ！　株式仲買人か？」
　　Superman 2　Is it a Quantity Surveyor?　　　　「計量の専門家か？」
　　Superman 3　Is it a Church Warden?　　　　　　「教区委員か？」
　　All　　　　　No! It's Bicycle Repair Man!　　「いや，自転車修理マンだ！」
　　　　　　　　〈第3話 "Bicycle Repairman"「自転車修理マン」から（字幕）〉

　これは，"Look, it's a bird! It's a plane! No, it's Superman!"「あっ　鳥だ！飛行機だ！　いやスーパーマンだ！」のパロディであることはすぐにわかります。しかし，自転車修理マンは空を飛ばず歩いてやって来るので，歩いて移動する職業の人と見間違えるセリフになっています。ところが，これらの職業はいずれも日本ではなじみのないものばかりです。株式仲買人に当たるのは証券会社の営業社員ですし，quantity surveyor とは建築の見積もりを計算する専門の職業（日本では一般に設計士がこの業務を行います），教区委員は英国国教会の事務員のことです。それならば，少し翻案して「あっ　証券マンだ！　測量士だ！　民生委員だ！」のようにしてもよいのでしょうが，英国の事情に合わせてそのまま訳されているようです（quantity surveyor の訳は間違っていますが……）。

15.2.3　回りくどくてしつこい言い回し

　次に特徴的なのは，苦情などのやりとりをネタにしたものです。無責任な窓口担当者はどこの国でもムカッと来ることがあるのかネタにされやすく，落語にもぜんざいを食べるために様々な手続きを踏まされるという「ぜんざい公社」とい

う演目があります。ここでは，"Dead Parrot"「死んだオウム」という，ペットショップでの押し問答のコントの一部を紹介します。ペットショップで買ったばかりのオウムが実は死んでいて横木に釘で留めただけだと苦情を言いに来た客に対し，店主は「寝ているだけ」と言って認めず，客は憤慨してこのオウムが死んでいることを執拗に主張します。

(2) Customer It's not pining, <u>it's passed on</u>. <u>This parrot is no more</u>! <u>It has ceased to be</u>. <u>It's expired</u> and <u>gone to meet its maker</u>. <u>This is a late parrot</u>. <u>It's a stiff</u>. <u>Bereft of life, it rests in peace</u>. If you hadn't nailed it to the perch <u>it would be pushing up the daisies</u>. <u>It's rung down the curtain</u> and <u>joined the choir invisible</u>. <u>This is an ex-parrot</u>.　　〈第8話 "Dead Parrot"「死んだオウム」〉

上の例で下線を引いた部分はすべて「死んだ」という意味の表現です。「生きるのをやめた（cease to be）」「創造主（maker）に会いに行った」「故（late）オウム」「幕を下ろす（ring down the curtain）」「元（ex-）オウム」といった死亡表現のバーゲンセールです。"join the choir invisible"「見えない姿で聖歌隊に加わる」はジョージ・エリオットの詩に出てくる表現だそうです。このくだりの日本語訳（字幕）では次のようになっています。

(3) 客　いや　<u>お亡くなりになってる</u>　<u>このオウムはイッてる</u>　<u>息を引き取った</u>
　　　　<u>息絶え</u>　<u>創造主のみもとに戻った</u>　<u>故オウムだ</u>　<u>死後硬直だ</u>
　　　　君が横木に打ち付けてなけりゃ今頃は<u>埋葬されてた</u>
　　　　<u>一巻の終わり</u>　<u>あの世行き</u>　<u>"元"オウムだ</u>　　〈「死んだオウム」（字幕）〉

こちらでも「死んだ」という意味になる部分に下線を付けました。「"元"オウム」のように直訳も多くみられますが，日本語でいう死亡の表現を並べることで，回りくどくてしつこい感じが出ています。次に，吹き替え版の訳を見てみましょう。

(4) 客　いいかげんにしろよこのインチキ仮面！　オウムが頬染めて照れんのかよ
　　　　<u>これはね死んじゃってるの</u>　いいか　<u>とっくにあの世に行っちゃったの</u>
　　　　<u>行っちゃったんだから</u>　<u>とうの昔にくたばったの</u>　わかる？
　　　　<u>間違いなくそうなの</u>　これが寝てるなんてよく言うよな
　　　　だったら魚屋の店先にアルミンが寝てるっていうのかよ！
　　　　<u>エサは喰わない</u>　<u>鳴きもしなけりゃ</u>　<u>糞もしないのよ</u>
　　　　<u>こういうのを普通は「死亡」って言うの！</u>　　〈「死んだオウム」（吹き替え）〉

字幕の訳に比べると，原文にない表現が多く幾分創作されているようです。死亡

表現のバラエティも少なく,回りくどさはそれほど感じられません。その結果,しつこさだけが強調された訳になっていると言えます。

15.2.4 吹き替えにおける内容の転換・省略

先ほど見たように,吹き替え版と字幕では訳が異なっています。字幕は原文に対してできるだけ忠実に訳されているのに対し,吹き替えはもともとテレビ放送[1]で使われていたものでかなり創作の訳が入っています。ここでは,吹き替えの訳に見られる内容の転換と省略について見ていきましょう。

a. 内容の転換

モンティ・パイソンは(放送当時の)英国人なら分かるネタを多く含んでいます。そのため,日本を含め他の地域ではそのままではわからない部分も少なくありません。そこで,内容を少し変えるという転換を行うことで日本人にも分かるようにしています。下の例は,劇場に観客として来たネイティブアメリカン(インディアン)が隣の客と話すシーンです。

(5) Indian　Me heap big fan <u>Cicely Courtneidge</u>.
　　Man　　Yes... she's very good.
　　Indian　She fine actress... she make interpretation heap subtle...
　　　　　 she heap good diction and timing... she make part really live for
　　　　　 Indian brave.
　　Man　　Yes... yes... she's marvelous...
　　Indian　My father - Chief Running Stag - leader of mighty Redfoot tribe
　　　　　 - him heap keen on <u>Michael Denison</u> and <u>Dulcie Gray</u>.
　　　　　　　〈第6話 "Red Indian in the theatre"「劇場のインディアン」〉

インディアンは冠詞や活用のない簡素化された言葉(役割語)で話していますが,その中に3人の俳優の名前が現れます(下線部)。いずれも英国の往年の俳優・女優です。しかし,吹き替え版の訳ではこれらの俳優がほかの人に置き換えられています。見てみましょう。

(6) インディアン　　わたし　<u>マリリン・モンロー</u>　大好き
　　隣の観客　　　　ああ　ああ　ああ彼女いいですね
　　インディアン　　とてもいい女優さん　体つき　オイニ[2]　大胆　歩き方　顔つき
　　　　　　　　　　すべてよろしい　わたし　いつも見る　いつもよだれタラタラ

---

[1] 東京12チャンネル(現・テレビ東京)で1976〜77年放映。
[2] 「におい」のこと。芸能界で使われるいわゆるギョーカイ用語。

```
隣の観客      そう  素晴らしいですね
インディアン  私の父親さん  有名有名のハリウッド族の酋長さん
              だからわたし  フランク・シナトラ  大好き
```
〈第6話「劇場のインディアン」(吹き替え)〉

　さすがに日本の俳優に置き換えるということはありませんが，マリリン・モンローもフランク・シナトラもアメリカの歌手・俳優です．また，自分の部族を「ハリウッド族」としているところからも，アメリカの映画スターで統一した置き換えになっています．また，女優に対する評価も，原文では演技について言及しているのに対し，吹き替えではマリリン・モンローのセクシーさを称えるものになっていて，「ダイニ」や「よだれタラタラ」を加えて下司な内容にしています．原文での笑いの意図は，ステレオタイプのインディアンが観劇に来たらという「もしも」ネタですが，吹き替えでは余計なニュアンスが加えられています．なお，例は省略しますが，字幕では俳優の名前も忠実に訳されています．

b. 省略

　次に，省略の例を見てみましょう．"The funniest joke in the world"「恐怖の殺人ジョーク」というコントは，作家が自分で書いたジョークに笑い死にするところから始まります．後に第二次世界大戦中の英国軍がこのギャグの「殺傷力」に興味を持ち，それをドイツ語に訳したものを兵士が読みあげることでナチス・ドイツに対する兵器にするという話です．このコントのナレーションにはつぎのくだりがあります．吹き替え版の翻訳と併せて下に示します．

(7) So, on July 8th, 1944, the joke was first told to the enemy in the Ardennes...
「そして1944年7月8日残酷にも敵軍に対しこのギャグが発射されたのです」
〈第1話 "The funniest joke in the world"「恐怖の殺人ジョーク」〉

　吹き替え版では，"in the Ardennes"「アルデンヌの戦い」の部分が省略されていることがわかります．逆に，「残酷にも」「発射」という部分は創作で付け加えられた部分です．コントのタイトルを「恐怖の殺人ジョーク」としたため，それに合わせる形で「残酷にも」を加えたのかもしれません．「発射」という部分は原文では"was told"に対応しますが，「ジョークが言われた」と訳したのでは戦闘の雰囲気を欠いてしまいます．この後の部分でドイツは「Vミサイル」ならぬ「Vジョーク」を英国めがけて放送する（結果，全然面白くなくて効果がないというオチになる）という反撃をしていますので，ジョークをミサイルに見立てて「発射」とするのは良い翻訳だと言えます．

15.2.5 最後に：駄洒落の扱い

北川先生にお書きいただいた落語の英訳では，オチの肝となる駄洒落（地口）をいかに訳すかということが重要であるということでした．一方，モンティ・パイソンでは駄洒落に相当するものは無くはないのですが，全体的にあまり重きが置かれていません．むしろ安易な笑いとして敬遠されています．先ほどの「恐怖の殺人ジョーク」でも，ヒトラーの演説の映像に嘘の字幕を付けてギャグを言わせているのですが，次のようなものです．

(8) My dog's got no nose.　「俺の犬にゃ鼻が無い」
　　 How does it smell?　　「どうやって嗅ぐのですか？」
　　 Awful!　　　　　　　　「やんなるぜ」

〈第 1 話 "The funniest joke in the world"「恐怖の殺人ジョーク」〉

これは，"How does it smell?" に「どうやって嗅ぐ」と「どんなにおいがする」という二つの解釈があり，後者の解釈をとって "awful"「(犬のにおいが) ひどい」と答えるという英語の駄洒落なのですが，それこそ「布団が吹っ飛んだ」のような使い古された駄洒落として通っています（日本語訳では前後がつながっておらず，駄洒落にすらなっていません）．つまり，「ドイツ人にはユーモアセンスが無い」とおちょくるエスニックジョークになっています．英国を含めヨーロッパではこの手のエスニックジョークをよく言うそうです．

　笑いを説明したところで，その面白さは奪われるばかりです．この節を読んでモンティ・パイソンの笑いに興味を持たれた方は，ほかにも「バカ歩き省」「スペイン宗教裁判」「スパム」といった有名なコントがありますので，まずはインターネットで検索してみてください．公式の YouTube チャンネルも開設されていますのでぜひご覧ください．ただし，ブラックジョークやエログロも多いので，万人受けするものではないということも付け加えておきます．

参考文献

須田泰成（1999）『モンティ・パイソン大全』洋泉社
『空飛ぶモンティ・パイソン "日本語吹替復活" DVD BOX』(2008) ソニー・ピクチャーズエンターテインメント
"Monty Python Channel", https://www.youtube.com/user/MontyPython（2014 年 10 月 31 日アクセス）

15.3 一般人の「面白い話」　　　　　　　　　　［定延利之］

　テレビのバラエティ番組が高い視聴率を持っているように，多くの人間は面白い話を聞くのが好きなようです。また，財力であれ権力であれ，力を得た人間はしばしば他人をハベらせて話を聞かせ，半ば強制的に面白がらせます。面白い話をして，他人を面白がらせるということは，実は人間にとって究極の楽しみと言えるのかもしれません。

　「面白い話が好きだ」と，はっきり認めてしまったらどうでしょうか？「他人」とは，自分の知らない面白い話を持っている人間だと考えれば，会って話してみることはあまり苦にならなくなるかもしれません。「年をとる」ということも，面白い話をたくさんため込む，素晴らしいことに思えてくるかもしれません。みんなが挨拶代わりに面白い話を披露し合うようになれば，世の中は少し変わるような気がしませんか？

　実は，私はここ数年，さまざまな人々が日本語で語る2, 3分の「面白い話」をビデオに収録し，誰でも視聴できるようインターネット上で公開しています[3]。よく聞き取れない人のために日本語字幕も付けているのですが，日本語を知らない人たちにもわかるよう，一部には英語・中国語・フランス語の字幕も付けています。日本語字幕を訳す作業は，日本語母語話者と目標言語母語話者のペアにお願いしています。この作業は相当難しく，また，相当面白いようです。

　「面白い話」はただ面白がるだけでなく，話しことばの研究にも利用できます。というのは，そもそも日本語にどんなしゃべり方があるのかさえ，今はわかっていないからです。人々が漫然と会話しているビデオを何十時間見ても現れないしゃべり方が，「面白い話」を見ていると1時間ぐらいで出てくるということは珍しくありません。

　最近は，世界じゅうの日本語学習者にも日本語で「面白い話」をしてもらっています。これはもちろん学習者の発話データとして利用できますが，変わったテイストの「面白さ」が語られていることもあり，これは日本語字幕を訳す困難さとも関係しているように思っています。一度,「面白い話」のwebページを見てください。

参考文献
Sadanobu, Toshiyuki (2014) ""Funny talk" corpus and speaking style variation in spoken Japanese," Proceedings of NAJAKS 2013, University of Bergen

---

[3] 「ちょっと面白い話」で検索すれば，すぐwebページが見つかると思います。

第16課 同時に訳す

16.1 同時通訳 ［船山仲他］

　世界中で行われている同時通訳の中で，日本語が絡む場合のもう一つの言語は圧倒的に英語だと考えられます。きっちりとした統計があるわけではありませんが，日本語を扱う同時通訳者の圧倒的多数が日本人で，日本人で英語以外の言語を通訳業務で使える人はとても少ないからです。そこで，ここでは英語と日本語の間の同時通訳について考えることにします。2言語間の語順の違いや語彙的な差などの話は日英語の対照がベースとなります。

16.1.1 表面的な置き換えの難しさ

　同時通訳は時間の制約がきついので，書き言葉を扱う翻訳にかけるような時間はないであろう，したがって，言語変換は直訳的な置き換えにならざるを得ないのではないか，と考えられがちです。しかし，実際は，置き換え作業の方が時間がかかります。ではどうするのでしょうか。同時通訳のプロセスをここで詳しく論じる余裕はありませんので，先ず結論的なことを述べてから，英語から日本語への同時通訳に出てくる日本語を考えてみましょう。

　同時通訳における起点発話あるいは原発話（いずれにせよ英語で言えばsource utterance）の内容理解は言語を越えてなされるべきだと考えられます。つまり逐語的に起点発話の表現を解読していくのではなく，言語表現の殻を破りながら，もう少し概念的に，かつ長いスパンで内容を把握していくことが通訳者に求められます。でなければ，同時に別の言語で表現する余裕は出てきません。

　しかし，このような処理は同時通訳特有のことではないと考えた方がいいでしょう。日常的な生活の中でも，人の話を聞いているときに表現をいちいち気にしていないのが現実ではないでしょうか。そういう意識はないかもしれませんが，相手が言おうとしていることが頭に浮かべば，使われた表現を覚える必要はありません。特別な場面，たとえば，政治家の発言を注意深く聞き止めようとしているときは表現にも注意していると思いますが，伝言ゲームに現れるような状況が現実だと思われます。つまり，ひとつの話を人から人へ伝える中で話が変わってしまうことは珍しくありません。言語表現を正確にリピートすることは容易なこ

とではありません。他人が使った語形を正確に覚えることができるのは1度に精々数語でしょう。しかし，単語の連鎖ではなく，絵として，あるいは概念的かたまりとして頭に残すと全体像を記憶することはやさしくなります。このことは，頭の中に浮かんでいる絵や概念と言語表現が乖離し得ることを示唆します。これも誰しもが日常的に経験していることです。たとえば，話し手が「それじゃ，あすの会議で」と言っても，聞き手が「え，あさっての会議でしょ」と確かめたりすることがあります。そう言われて，「あ，そうです。私，なんて言いました？」というような展開になることも珍しくはありません。そもそも，表現と内容はいつも厳密なペアではありません。伝えたいことが全て言葉で表現されるわけではありません。相手の言葉が足らなくても十分理解できることもあります。「ほら」「あれ」で伝わることもあります。つまり，コミュニケーションにおいては，不特定の形式でも内容を特定化できるわけです。

同時に訳すための内容理解においても，起点発話の表現に密着した理解ではなく，言語から離れて"概念化"されている方が速く処理できます。具体例を見ながらその実態に迫ってみましょう。

16.1.2　同時通訳の現実

次のような英日同時通訳のアウトプットを観察しながら，通訳者の頭の中を探ってみましょう。この〈同時通訳例1〉は，実例に基づき，時間的に対応する起点発話の英語（E行）と通訳者の日本語（J行）を文字化し，時間的対応関係をE行とJ行の位置関係で示したものです。

〈同時通訳例1〉
E1　　　　　　　.....　　　　　There is some disagreement over the tactics to be
J1　〈ここには先行する部分の日本語訳が流れていますが，ここでは省略します〉　　　　まあ，
E2　used, but not that there should be the　war against terrorists.
J2　もちろん，そのやり方については，いろいろ議論はありますが，　　　しかし対テロ戦争
E3　　　　　　　.....
J3　そのものについては誰も反論していません。

この同時通訳例を観察して気が付くことがいくつかあります。

① J1行目からJ2行目にかけての，「まあ」とか「もちろん」とか，あまり意味のない語が発せられています。埋草（filler）と呼べばいいでしょう。これは，同時通訳者でなくても普通に見られる現象ですが，同時通訳の場合，ある役割を果たしています。それは，英語と日本語の語順差を処理する時間を作ることです。

〈同時通訳例1〉の場合であれば，E1行目からE2行目の頭辺りにかけての表現を聞いてから「そのやり方…」が起点発話の"but not that..."辺りで出ています。この時点までに disagreement over などが聞こえているわけですが，the tactics が聞こえてからの方がうまく日本語で表現できます。そして，語順を整える間の時間が全くの無言であるよりも，このような埋草があった方が聴衆に安心感を与える効果もあります。

②起点言語にある英語表現と目標言語にある日本語表現とは必ずしも標準的な辞書対応を示していません。E1行目の disagreement は，J2行目では「議論」，J3行目では「反論」という日本語に反映されています。このように，同時通訳だからと言って，どんどん逐語訳をしているか，というと実際はそうではありません。話の方向を探りながら話をまとめていく，というような言い方ができるでしょう。

同時通訳が逐語訳ではないということは，埋草とは逆に，省ける部分は省くことにも表れます。次の例では，起点発話の2つの文が1つにまとめられています。

〈同時通訳例2〉
「16年前に『日はまた沈む』をお書きになった頃からいずれ日本の明るい将来について書く日が来ると思っていましたか。」というインタビューアーの質問に対して，次のように答えています。

E1　I always thought that the recovery would come too soon for me actually
J1　　　〈ここには先行する部分の日本語訳が流れていますが，ここでは省略します〉
E2　about to write "The Sun Also Rises" because I wouldn't have time. But I
J2　　　　　　　　　　　　　　　　　　　　　実は　書く暇もないほど早く回復するか
E3　was wrong. It took much longer than expected.
J3　と思っていましたけれども，　　　　　実際は大変長くかかってしまいました。

この訳例では，E1行目からE2行目にかけての部分がずれこんでいて，E2行目の because 辺りでやっと対応する日本語が出てきています。そのせいで日本語は要約的ですが，さらに，I was wrong に相当する日本語は出ていません。直訳的には，「私は間違っていました」と訳してもよさそうですが，その後に It took much longer than expected という表現がありますから，そちらを採用して「実際は大変長くかかってしまいました」とまとめています。しかし，時間的余裕があったとしても「私は間違っていました」という日本語表現は，"私の判断"という側面を前に出してしまいます。英語ではそれほどの意味合いはなく，単に"予想は外れた"程度と考えられます。つまり，英語ではIを主語に文を作るの

は普通（言語学の用語を用いると"無標"）ですが，そういう場合，日本語では，「予想が外れました」というように人間を絡ませない表現をするのが普通でしょう。日本語では「私が間違っていました」と発言すると「すみません」という流れになる可能性があります。

　通訳者のこのような判断は，表現レベルの計算をやっているだけでは出てこないと言えるでしょう。同時通訳を支えるのは，実は，個々の言語変換そのものよりも，もう少しマクロなレベルでの話の理解と考えるべきでしょう。

16.1.3 「わけです」のわけ

　同時通訳には特有の通訳口調があるように思えます。自分でしゃべりたいことをしゃべっているわけでもなく，単にテキストを朗読しているわけでもなく，馴染みのある表現を使いながらもその分野の専門家でもなく，話慣れていて，自信のあるしゃべり方ではあるものの，この先どのように話を結んでいくかは当人にはわからない雰囲気もあり，…というようにちょっと変わっています。そんな中で，通訳者がよく使うと思われる表現があります。たとえば，「わけです」という表現です。この表現の頻度は通訳者によって差がありますが，通常の発話より頻繁に出てくる印象です。ここでは日本語の分析として一般的にまとめられている「わけだ」の意味に当てはまらない例について考えてみます。

　一例として，次のような日本語への同時通訳記録を観察してみましょう。これは，日本は社会制度を変えるモデルを示してきたと考えますか，という質問に対する返答です。ここでは通訳アウトプットの日本語のみ示します。

　〈同時通訳例3〉
　「日本は社会的なモデルを使ってきたと思います。…改革の痛みというのは広く人々が負担をしました。ところが，他の国では非常に大規模な失業が一部の人間の間で起きた<u>わけです</u>。そしてそれ以外の人たちというのはそのまま職に就きました。しかし，日本では痛みを分かちあった<u>わけです</u>。」

　下線部「わけです」の生起について注目したいのは，それに相当する英語表現が起点発話にあるわけではないということと，それぞれ，「…起きました」「分かち合いました」というように「わけ」を含まない表現でも問題はないことです。では通訳者はなぜ「わけです」という表現を使ったのでしょうか。その理由を考えるにあたり，無意識に使った場合も考慮に入れることにしましょう。

　日本語研究の中では，独話における「わけだ」が担う意味として，"結論"，"言

いかえ"，"理由"，"事実の主張"が指摘されています[1]。しかし，〈同時通訳例3〉に出てくる「わけです」はそのいずれの意味を表しているわけでもなさそうです。失業が一部で起きたことや日本で痛み分けがあったことが何かの"結論"とは考えられません。「つまり」などの表現がそれらの前に生起しているわけでもないので，"言い換え"とも言えないでしょうし，判断の根拠が示されているわけでもないので，それらが何かの"理由"とも言えないでしょう。"事実の主張"という説明に対しては，そうではないとは言えませんが，発話というものはそもそも何かの主張ですし，それが事実であることは珍しいことではありません。そうすると，"事実の主張"が〈同時通訳例3〉の2例に当てはまらないと主張することは難しいですが，他方，通訳者がなぜ「わけです」を使ったのかの説明にはならないようです。

しかし，この"主張"を，話のポイントを浮かび上がらせるディスコース上の標識付けと考えると，通訳者の気持ちがわかります。今の例では，「日本の社会的モデル」って何だろうと思って起点発話を聞いていると，「改革の痛みというのは広く人々が負担をしました。」ということが出てきて，「ところが，」となって，「他の国では非常に大規模な失業が…起きた」という話が出てきました。これが注目すべき話のポイントではないか，と思えてきます。そのことを表現上表したいという通訳者の"気持ち"が「わけです」につながるのではないかと考えられます。これが"気持ち"だという捉え方は，通訳者によって「わけです」の使用頻度が異なることと相容れる現象と言えるでしょう。そして，その通訳者の"気持ち"は話の結束性を印象づけたいのだと説明することもできるでしょう。

ここで述べたような現象を観察してみると，同時通訳と呼ばれる言語行為は言語表現の辞書的意味のレベルよりも深い概念的なレベルで支えられているのではないかと思えてきます。そして，一見特殊に見える同時通訳ではありますが，実は一般的な発話理解のメカニズムを明示化してくれる側面もあるのではないでしょうか。

16.2 ディスカッション ［定延利之・森　篤嗣・茂木俊伸・金田純平］

16.2.1 いつどうやって英語にしているか

英語は主要部前置言語ですが，日本語は主要部後置言語で主要部は最後に来ます。で

---

[1] 『日本語文型辞典』グループ・ジャマシイ，1998，くろしお出版

は日本語は，文を最後まで聞かなければ英語に訳し始められないのでしょうか？

　一見，そう思いたくなる事情もあります。それは，日本語の文の最後は話し手自身が直前までわかっていないことさえある，ということです。たとえば「降るーでしょうーかーねぇ」のように，しゃべりながら残り部分を考えて語を付け足していくということは珍しくありません。サピーアの「後思案の刈り込み」（pruning afterthoughts, Sapir 1921: 135［泉井訳 144］）を「日本語の用言複合体の真骨頂」とする考え（宮岡 2002：67）は，このことを言い当てたものでしょう。

　ちなみに，日本語の語にはこのようなことはありません。語は，あらかじめその全体を設計した上でしゃべり始めるものです。たとえば「マクロ化」のような合成語であっても，冒頭の「マ」と言い始める前に，もう語「マクロ化」の全体が話し手の中で決まっています。なぜそう言えるかというと，「マクロ化」のアクセントは後部要素の接尾辞「-化」のために平板型アクセントになるからです。そのように（具体的には「マ」を低く「クロ化」を高く）しゃべることがわかっていないと「マ」の音程が決まらずしゃべり出せません。接尾辞「-化」のような，全体の韻律に影響するような要素は，語にはありますが，文にはありません。

　しかし，日本語の文を最後まで聞いて英訳を始めながら，また次の日本語1文を頭にため込むというのは同時通訳者にとって大変な負担です。逐語訳とまではいかなくても，負担を少しでも軽減し，日本語の文が終わる前に訳し始めるには，通訳者は文脈を読み，世界知識を駆使して，時には話し手もまだわかっていない文の行方を予測する必要があるということになります。

　船山仲他先生が取り上げられたのは，英語を日本語に同時通訳するという逆の方向の実例ですが，「文脈を読み，世界知識を駆使する」ということの重要性に変わりはないようです。それは，逐語訳ではなく意訳を心がけるには「文脈」と「世界知識」が不可欠だからでもありますが，「文脈」には言語的文脈だけでなく非言語的文脈も含まれ，日本語がたとえばどのような表情や身振りで話されたかということも「文脈」に入ってくるから，そして，その表情や身振りが日本語社会で何を意味するかということは「世界知識」の問題だからでもあります。

　「文脈を読み，世界知識を駆使する」ということは，その言語の母語話者にとってはたやすいことですが，学習者にとっては難しい部分があり，機械にとってはほとんど不可能です。言語の理解は「文脈を読み，世界知識を駆使する」ことなしには果たせないということを，私はこの本の第1課から述べてきましたが，そのメカニズムの解明こそがいま，さまざまな方面で求められています。読者の皆さんがこうした問題意識につながる有意義な日本語研究を進められることを願っています。　　　　　　　［定延利之］

参 考 文 献

Sapir, Edward（1921）*Language: An Introduction to the Study of Speech*. New York: Harcourt, Brace & Company.［1949: A Harvest Book（ed.）エドワード・サピーア（著）・泉井久之助（訳）1957『言語 ことばの研究』紀伊國屋書店，安藤貞雄（訳）1998『言語 ことばの

研究序説』岩波書店］
宮岡伯人（2002）『「語」とはなにか：エスキモー語から日本語をみる』三省堂

16.2.2　それが私たちの社会の特徴

　現代言語学の祖とも言われるソシュールは，言語記号の性質として，非常に重要な二つの原理を挙げています。一つ目は有名な「記号の恣意性」であり，二つ目が「能記の線的特質（線条性）」(Saussure 1949: 103 [小林訳 101]) です。いずれも重要な考え方であり，言語学や日本語学の入門書では必ずと言っていいほど取り上げられるものですが，詳しくは小林（1972）のほか，丸山（1981）や町田（2004）などを参照していただくとして，ここでは二つ目の「線条性」のみを取り上げたいと思います。

　「線条性」は日本語や英語など個別言語だけのことではなく，言語一般の原理です。言語では音素からなる構成要素を，時間の流れに沿って線的に配列していきます。図表やグラフのように，全体を一括して一瞬にして表現するようなものではありません。書き言葉の場合は「一括して見る」ことができそうな気がしてしまいますが，文字という構成要素を線条的に配列しているという事実は変わりません。PISA (Programme for International Student Assessment) の読解力調査では，文字から成る文章を「連続型テキスト」，図表やグラフなどを「非連続型テキスト」として，線条性による特徴は違えども，どちらも読解の対象となるとしています。

　船山仲他先生が取り上げられている「同時通訳の現実」の例を見ると，英語を日本語に同時通訳するときに，話し言葉の線条性が大きく関わっていることが実感できます。さらに言えば，英語と日本語の言語的特徴がさらに拍車をかけていると言えます。例えば，〈同時通訳例1〉では，「まあ」や「もちろん」などの埋草（filler）を使うことで，英語と日本語の語順差を処理する時間を作っていることが紹介されています。

　ここで他にも注目して欲しいのは，"but not that..." の not という文の意味を決定づける語が英語では早い語順で出てくるということです。日本語の場合は，「しかし対テロ戦争そのものについては…」のあとに「多くの異論があります」のように，述語の部分で最後にひっくり返すことができます。もっと極端に言えば，「誰も反論していないということもないという意見が多数出ているというわけでもありません」のような，二転三転して，結局，どっちなんだよという結びにすることも可能です。

　これはSVO型の英語と，SOV型の日本語の違いで，述語部分を先に言うか後に言うかという語順の問題ですが，それが言語の表現様式にも深く関わっていると言えます。英語では，自分の意見を早々に表明せざるを得ません。日本語では相手の顔色や反応をうかがいながら，結論を翻すことも可能なのです。こうした言語の特徴が，日本人の気質にも関わっているのではないかと考えることもできるかもしれません。

　本書で述べてきたように，言語は社会や文化に影響を与え，社会や文化は言語に影響を与えます。そして，その中心には人間がいます。言語学とは言語だけを考える学問ではありません。言語と社会・文化のつながりを考え，言語を使う人間を考える学問なのです。読者の皆さんも，言語だけにとどまらず，言語を手がかりに人間や社会・文化に

ついて考える機会を持ってくだされば幸いです。　　　　　　　　　　　　［森　篤嗣］

参考文献
Saussure, Ferdinand de (1949) *COURS DE LINGUISTIQUE GENERALE publié par Charles Bailly et Albert Séchehaye*. Lausanne et Paris, Payot.［フェルディナン・ド・ソシュール（著）・小林英夫（訳）1972『一般言語学講義』岩波書店］
町田　健（2004）『ソシュールと言語学――コトバはなぜ通じるのか』講談社
丸山圭三郎（1981）『ソシュールの思想』岩波書店

16.2.3 「わけです」が面白いわけ

「わけだ（わけです）」は，日本語の文法研究では，「のだ」などと共に「説明のモダリティ」というグループに分類される表現です（日本語記述文法研究会2003）。「モダリティ」は「話し手の心的態度」を表すとされ，文が表す内容そのものよりも，その述べ方（伝え方）に関わる要素です。

これに従えば，同時通訳の日本語に現れる「わけです」も，「話し手」である通訳者の「気持ち」を表していると言えます。起点発話の内容は，「わけです」によって「ここがポイントですよ」という情報を添えられた形で，聞き手に伝えられていることになります。

「わけだ」にはさまざまな使い方があるのですが，その本質については議論があります。最近の研究では，「わけだ」は「話し手と聞き手の間で了解されている」内容を示す，という分析が示されています（大場2013）。

例えば，次のように始まる昔話は，とても変です。

　(1)　昔々，あるところに，おじいさんとおばあさんが住んでいた<u>わけです</u>。

しかし次の文は，「あなたも知ってのとおり」という感じで問題ないはずです。

　(2)　「昔々，あるところに」で始まったら，たいてい，おじいさんとおばあさんが住んでいる<u>わけです</u>。

ただし，「わけだ」で表される「了解」は，はっきり確認できるものとは限りません。先の〈同時通訳例3〉「しかし，日本では痛みを分かちあったわけです」では，聞き手が本当に「痛みを分かちあった」という捉え方をしているかどうかにかかわらず，話し手は「この話の文脈ではそのような考え方ができますよね」という「見なし了解事項」として発話しているとも考えられます。

では，同じく「説明のモダリティ」である「のだ」を使うとどうなるでしょうか。

　(3)　しかし，日本では痛みを分かちあった<u>のです</u>。

……何やら強く訴えかけているように聞こえます。とすると，問題の「わけです」は，話し手の主観を含むけれど強い主張はしない，という絶妙のバランスを持っているよう

に思いませんか？
　以上のように，日本語文法研究者から見ると，類似表現の中から「わけです」が（無意識にであっても）「選ばれている」わけが気になるわけです。
　私たちが何気なく使っている日本語にも（若者言葉やネットスラングにだって），何らかの規則性や表現効果があります。「正しい日本語」に振り回されるのではなく，まずは「自分や周りの日本語」をじっくり観察できる人を目指してみてください。

［茂木俊伸］

参考文献
大場美穂子（2013）「「わけだ」「わけではない」の用法についての一考察」『日本語と日本語教育』
　　41, pp.47-66, 慶應義塾大学日本語・日本文化教育センター
日本語記述文法研究会（2003）『現代日本語文法4　第8部　モダリティ』くろしお出版

16.2.4　代弁と創作を超えて

　　すべての善き翻訳は「創作」である。

　萩原朔太郎「詩の翻訳に就いて」（『純正詩論』（1935）所収）にある一節です。13課から15課まではフィクションの翻訳を見てきましたが，いずれも単語や表現を置き換えただけでは成立しません。セリフ主の心の中（つまり"気持ち"）や現場の状況などを読み取り，その様子をイメージして翻訳することになるので，まさに，翻訳者による「創作」がそこに現れます。目標言語（翻訳先）の言語文化に照合させる同化翻訳も創作でこそなせるワザだというわけです。
　さて，船山先生のお話を読んで思い直したことがあります。それは，同時通訳には起点発話者の気持ちではなく，同時通訳者自身の気持ちが目標発話に現れるということです。事情を知らない私は，「これは意外だった」と思うと同時に「よく考えるとそりゃそうだよな」という相反する印象を受けました。たとえば，〈同時通訳例1〉では起点発話に対応するものがない「まあ」「もちろん」といった表現が見られますが，これは同時通訳者の"気持ち"が現れている証拠ではないでしょうか。これらは，翻訳のための時間稼ぎの埋草（フィラー）にもなっていますが，フィラーは話す人が心内処理を行っているときに現れます（定延・田窪1995）。そう考えると，単なる時間稼ぎだけではなく同時通訳の緊張感，認知的・心理的負担が垣間見えます。また，フィラーを通して見える"気持ち"は同時通訳者の「人間らしさ」を露呈させ，そのことが「聴衆に安心感を与える」わけです。
　もう一つのポイントは〈同時通訳例3〉に見られる「わけです」です。船山先生も茂木先生もおっしゃっている通り，この「わけです」にも起点発話者ではなく同時通訳者の「配慮」の"気持ち"が見え隠れします。例の内容は，海外の日本研究者による講演の一部で，「外」から観察するという立場で行うものであると推測できます。もし，ここで「起きたのです」「分かちあいました」と言ってしまうと，「ヨソの人間があたかも

体験したかのように言いやがって！」と日本人の聴衆の反感を買うおそれがあります。また，その矛先は同時通訳者に向けられるかもしれません。ここで，起点発話には現れてない「わけです」で文を締めることにより「皆さんもご存知のとおり」というニュアンスが出て，先のような反感を買うこともなくなります。茂木先生の言う「絶妙なバランス」で無用なトラブルを回避しているわけです。

　このように考えると，同時通訳は起点発話者の代弁なのではなく，起点発話の内容を目標言語でより正確にその場で「創作」し，なおかつ同時通訳者自身の"気持ち"が反映されたものと位置づけることができます。言語について知る・考えることは，同時に心の中や"気持ち"について知る・考えることでもあるわけです。　　　　［金田純平］

参 考 文 献

定延利之・田窪行則（1995）「談話における心的操作モニター機構―心的操作標識「ええと」「あのー」―」『言語研究』108，pp.74-93，日本言語学会

索　　引

欧　字

BCCWJ（Balanced Corpus of Contemporary Written Japanese）117-122
FIGS 翻訳　136
MIT（Melodic Intonation Therapy）81
PAM（Perceptual Assimilation Model）22
PISA（Programme for International Student Assessment）166
QOL（Quality of Life）69
SLM（Speech Learning Model）24
Web データ　117, 123

あ　行

合い言葉　20
アイデンティティ　92
アーカイビング　106
アクセント核　31
アッカド語　88
宛て名性　45
「後思案の刈り込み」165
アノテーション　113, 119, 120
アラビア語　88

言い換え　18
異化翻訳　138, 139
一次資料　111
1 秒 4 字　145
田舎ことば　131
インクルーシブ教育　84
隠語　20
インターネット　111, 112
インフォーマント　114

韻律　80
ウェルニッケ失語　76, 78
受身　74
歌声　49
埋草　161, 168
運動性失語　78, 80

映画　137
英語　129
　　国際語としての——　91
英語帝国主義論　65
永住者・定住者・日本人の配偶者　69
エジプト語　88
エジプト聖刻文字　88
エスノローグ　87
エラム語　88
エリシテーション調査　96
お嬢様・奥様ことば　128
男ことば　128
オノマトペ　137-143
音声学習モデル（SLM）24
音声合成　45, 49
音声障がい　78
音声認識　45
音声的実態　27
音節文字　88

か　行

外国語活動　92
外国人入国者　66
外国にルーツを持つ子どもたち　69
概念化　161
書き言葉　117, 118, 124
学習指導要領　56, 57, 59
箇条書き　2
歌唱フォルマント　50

学校文法　60, 62
カテゴリー　23
感覚性失語　78, 80
韓国語　129, 131
漢字かな交じり文　146
間投助詞　30
簡略　146

擬音語　137, 139
危機言語　87
聞き手性　46
記号　3
記号の恣意性　166
規則的な不規則さ　52
期待　35
擬態語　137, 139, 140
吃音　78
機能的オーバーキル　8
　　——とその軽減　8
基本周波数　49
基本 6 情動　54
気持ち　168
きもちに応じたしゃべり方　54
キャラクタ　55, 126
共感　39
共生社会　84
巨視的コミュニケーション　128
ギリシア語　89
記録言語学　107
緊急放送　15

楔形文字　88
クッション言葉　37
クリエイティブ・コモンズ　114
グロス　112

形態論情報　120

結束性　164
ゲーム　136
権威　20
言語音　137, 140, 141
言語感覚　57
言語技術　57, 59, 61, 62
言語規範　28
言語事項　58
言語聴覚士　79, 82
言語直感　121
言語の価値　91
言語療法　81
検索エンジン　116, 117, 123
現代日本語書き言葉均衡コーパス（BCCWJ）　117, 123

コア　73, 74
語彙素　120
語彙的手段　129
構音障がい　78, 80
膠着語　88
公的文書　11, 18
国語科教育　56
国語教育　56-58, 60, 64
国語の特質　58-61
国際音声記号　112
個人にとって特別な長時間的な体験　40
国会会議録　124
コーパス　116-124
コピュラ　30
個別文化の特殊性　135
コミュニケーション　41, 43, 80
コミュニケーションギャップ　102
コメディ　153
誤訳　147
語用論　38
コンピュータ　113

さ 行

在留外国人　66
左右反転　137-139
「3点セット」　106

ジェンダー要素　131
識別能力　22
死語　88
思考キャラクタ　127
志向的な構え　46
思考力　57, 61, 62
自然談話　100
失語　77
字幕　137, 144
字幕翻訳　137, 144
社会貢献　101
社会的存在　45
社内英語公用語化　92
終助詞　147
述部　147
シュメール語　88
呪文　20
主要部　164
主要部後置言語　164
肖像権　114
象徴的意味　128
少納言　119, 123
消滅危機言語　107
省略　145, 156, 157
助詞　2
書誌情報　120
助詞止め　146
じりじり上昇　31
新語　123, 124
神託　20
シンタグマ　30
心内処理　168
新聞データ　123

数の一致　8
ステレオタイプ　129, 130
　声に関する――　133

スピーチ・チェイン　77
スペイン語　130
声域　50
生活の質（QOL）　69
声質　134
声道　49
世界知識　9
節　30, 146
接客　34
設計的な構え　45
接続助詞　147
説明　36
セム系言語　88
前頭葉　81

創作　156, 168
創造性　53
促音　26
ソース言語　129, 131

た 行

待機状態　38
体言　9
体言止め　146
タイ語　130
対人認知　135
第二言語　89
代表性　117, 123
代弁　169
タギング　20
ターゲット言語　129, 131
多言語化　5
多言語情報　16
駄洒落　149, 158
タスク　66
正しい日本語　63, 168
「たら」　71-73
単語検索　119, 120

知覚同化モデル（PAM）　22
知的財産権　114
中国語　129

索　引

中止法　147
注釈　108
中納言　119, 120, 123
長音　26
跳躍的上昇　31
直接法　68
著作権　118, 119, 122

定常性　50
テキスト　112
テキスト調査　96
デジタル化　112
転換　156
点字　83

同化翻訳　138, 139, 168
同時通訳　160
倒置　30
同定能力　22
トーキング・ディクショナリー　112
読字速度　145
特殊拍　26
特別支援学校　85
特別支援教育　85
トラブル　37
「とりあえず日本語で」　65

な 行

内省　121
訛り　134

2次元　135
二次資料　111
二重否定　3
ニーズ　66
日本語能力試験出題基準　6
日本語の値段　91

年少者　69

脳機能　82
能記の線的特質（線条性）　166
脳の可塑性　83
「のだ」　167

は 行

媒体　112
配慮　17
橋本進吉　30
発声・発語障がい　78
発話キャラクタ　126
発話の単位　30
話し言葉　117, 124
パブリックドメイン　114
パラ言語情報　80
バリアフリー　84
パロディ　154

東日本大震災　101
ピクトグラム　6
非言語音　137, 140-142
微視的コミュニケーション　128
非述語文節　30
左横書き　142
ヒッタイト語　88
ビート　27
表現キャラクタ　126
表語文字　88
非流暢性　80
非連続型テキスト　166
頻度　121

ファッション　20
フィラー　168
フィールドワーク　96
吹き替え　134, 137, 144
吹き替え翻訳　137
吹き出し　139
符丁　20
普遍性　135
プライバシー　114
フリ語　88
ブローカ失語　78

ブローカ野　81
プログラミング　51
プロソディ　80
プロソディ障がい　80
文　30
文節　30, 146
文法カテゴリー　113
文法性判断　98
文法不要論　71
文末　146
文脈　165
分類→用法の分類　71
分類主義　73

ヘブライ語　88

方言　86
　言語と――の境目　104
　――の機能　103
方言会話の記録　102
方言スローガン　103
方言パンフレット　102
ボーカロイド　49
母語話者　56
保留状態　38
翻字　89
翻訳　129
翻訳者の苦労　144

ま 行

マニュアル　36, 40
マンガ　131, 137
万葉仮名　89

右横書き　142

メソポタミア文明　88
メタ言語能力　57, 61, 62, 64
メロディ　80
メロディック・イントネーション・セラピー（MIT）　79, 81

黙読　145
文字列検索　119, 120
モダリティ　167
モーラ　26, 145
モンティ・パイソン　153

や　行

役割語　126, 128, 146, 148
　　──の音声　132
やさしい日本語
　公的文書関連　11, 18, 19, 64
　減災関連　14, 18, 19, 64
　──作成支援システム　16
やんしす ver1.01　16

ユニバーサルデザイン　84

用言　9
用言複合体　165
用法の分類　71, 72, 74

ら　行

落語　148
ランゲージ・エクスチェンジ　68

リズム　80
リップシンキング　137
留学生　68
旅行者　67

類語の差異　71, 74

連用修飾　9

老人語　128
ローカリゼーション　136
60 進法　88
ロゼッタストーン　88
論理的意味　128

わ　行

若者言葉　123, 168
「わけだ」　167
「わけです」　163, 167
笑い　153

編集者略歴

定延利之(さだのぶとしゆき)

1962年　大阪府に生まれる
1998年　京都大学大学院文学研究科博士後期課程修了
現　在　京都大学大学院文学研究科教授
　　　　神戸大学名誉教授
　　　　博士（文学）

私(わたし)たちの日本語研究
―問題のありかと研究のあり方―
定価はカバーに表示

2015年 5 月15日　初版第 1 刷
2018年 9 月 5 日　　　第 2 刷

編集者　定　延　利　之
発行者　朝　倉　誠　造
発行所　株式会社　朝倉書店
　　　　東京都新宿区新小川町 6-29
　　　　郵便番号　162-8707
　　　　電話　03（3260）0141
　　　　FAX　03（3260）0180
　　　　http://www.asakura.co.jp

〈検印省略〉

教文堂・渡辺製本

Ⓒ 2015〈無断複写・転載を禁ず〉

ISBN 978-4-254-51046-1　C 3081　Printed in Japan

JCOPY ＜(社)出版者著作権管理機構 委託出版物＞
本書の無断複写は著作権法上での例外を除き禁じられています．複写される場合は，そのつど事前に，(社)出版者著作権管理機構（電話 03-3513-6969，FAX 03-3513-6979，e-mail: info@jcopy.or.jp）の許諾を得てください．

京大 定延利之編著　帝塚山大 森　篤嗣・
熊本大 茂木俊伸・民博 金田純平著

私たちの日本語

51041-6　C3081　　　Ａ５判 160頁　本体2300円

意外なまでに身近に潜む，日本語学の今日的な研究テーマを楽しむ入門テキスト。街中の看板や，量販店のテーマソングなど，どこにでもある事例を引き合いにして，日本語や日本社会の特徴からコーパスなど最新の研究まで解説を試みる。

前筑波大 北原保雄監修　東大 菊地康人編
朝倉日本語講座 8

敬　語（新装版）

51648-7　C3381　　　Ａ５判 304頁　本体3400円

〔内容〕敬語とその主な研究テーマ／狭い意味での敬語と広い意味での敬語／テキスト・ディスコースを敬語から見る／「表現行為」の観点から見た敬語／敬語の現在を読む／敬語の社会差・地域差と対人コミュニケーションの言語の諸問題／他

前筑波大 北原保雄監修　前広大 江端義夫編
朝倉日本語講座 10

方　言（新装版）

51650-0　C3381　　　Ａ５判 280頁　本体3400円

方言の全体像を解明し研究成果を論述。〔内容〕方言の実態と原理／方言の音韻／方言のアクセント／方言の文法／方言の語彙と比喩／方言の表現，会話／全国方言の分布／東西方言の接点／琉球方言／方言の習得と共通語の獲得／方言の歴史／他

前立大 中島平三監修　前立大 今井邦彦編
シリーズ朝倉〈言語の可能性〉2

言語学の領域 II

51562-6　C3381　　　Ａ５判 224頁　本体3800円

言語学の伝統的研究分野といわれる音韻論・形態論・統語論などで解決できない諸課題を取上げ，その研究成果と可能性を解説。〔内容〕総論／意味論／語用論／関連性理論／手話／談話分析／コーパス言語学／文字論／身体言語論／今後の可能性

計量国語学会編

計量国語学事典

51035-5　C3581　　　Ａ５判 448頁　本体12000円

計量国語学とは，統計学的な方法を用いて，言語や言語行動の量的側面を研究する学問分野で，近年のパソコンの急激な普及により広範囲な標本調査，大量のデータの解析が可能となり，日本語の文法，語彙，方言，文章，文体など全分野での分析・研究に重要な役割を果たすようになってきている。本書は，これまでの研究成果と今後の展望を解説した集大成を企図したもので，本邦初の事典である。日本語学・言語学を学ぶ人々，その他幅広く日本語に関心を持つ人々のための必読書。

元アジア・アフリカ図書館 矢島文夫総監訳
前東大 佐藤純一・元京大 石井米雄・
前上野学園大 植田　覺・元早大 西江雅之監訳

世界の文字大事典

50016-5　C3580　　　Ｂ５判 984頁　本体39000円

古今東西のあらゆる文字体系を集大成し歴史的変遷を含めて詳細に解説。〔内容〕文字学／古代近東（メソポタミア，エジプト他）／解読（原エラム，インダス他）／東アジア（中国，朝鮮他）／ヨーロッパ（フェニキア，ギリシア他）／南アジア（ブラーフミー，デーヴァナーガリー他）／東南アジア（ビルマ，タイ，クメール他）／中東（ユダヤ，アラム，イラン他）／近代（チェロキー，西アフリカ他）／諸文字の用法と応用／社会言語学と文字／二次的表記体系（数，速記，音声他）／押印と印刷

前東北大 佐藤武義・前阪大 前田富祺編集代表

日本語大事典

【上・下巻：2分冊】

51034-8　C3581　　　Ｂ５判 2456頁　本体75000円

現在の日本語をとりまく環境の変化を敏感にとらえ，孤立した日本語，あるいは等質的な日本語というとらえ方ではなく，可能な限りグローバルで複合的な視点に基づいた新しい日本語学の事典。言語学の関連用語や人物，資料，研究文献なども広く取り入れた約3500項目をわかりやすく丁寧に解説。読者対象は，大学学部生・大学院生，日本語学の研究者，中学・高校の日本語学関連の教師，日本語教育・国語教育関係の人々，日本語学に関心を持つ一般読者などである。

上記価格（税別）は 2018 年 8 月現在